vmn

Lilo Galley

In die Truhchn einigschaut

Mundartgedichte aus Tirol

Verlag M. Naumann

Copyright by
Verlag Michaela Naumann, **vmn**, Nidderau, 2007

1. Auflage 2007
ISBN 978-3-940168-10-8

Gesamtherstellung:
Danuvia Druckhaus, Neuburg an der Donau

Zeichnungen: Rudolf Galley
Fotos: Robert Galley

Bibliografische Information der Deutschen Nationalbibliothek
Die Deutsche Bibliothek verzeichnet diese Publikation in
der Deutschen Nationalbibliografie; detaillierte bibliografische Daten sind im
Internet über http://dnb.ddb.de abrufbar.

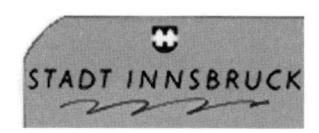

In die Truhchn einigschaut

In die Truhchn einigschaut

In der untern Truhchn drein –
wo normal die Maisln sein,
hab ih Gedichtln gfundn –
dreckig und zaschundn!

Hab ih de gschriebn?
Sein de liegn bliebn?

Ja, sein liegn bliebn –
hab ih gschriebn!

Tat's gern herzoagn, was ih hunn –
fang iatz oanfach zum Lesn un …

Freind sein

Ih mecht mit dir Freind sein!
Ih mecht mit dir fein sein!

Ih hab viel vo dir ghert –
ih lieg nit vakehrt!

Fir dih tat ih liagn
und die Pfoad ausziahgn!

Megsch du mit mir fein sein?
Megsch du mit mir Freind sein?

Kompliziert

Ih bin a komplizierte Frau,
ih woaß des ganz genau!
Ih hab koa Zeit
fir gwisse Leit!
Ih bin nit still,
wenn ih's nit will!
Und wenn die andern giahn,
nah bleib ih stiahn!

Ih bin a komplizierte Frau,
ih woaß des so genau!
Wenn andere auf Urlaub fliagn,
will ih die Sunn ins Zimmer kriagn!
Wenn andere sich scheidn lassn,
will ih die Meinign zammenfassn!
Wenn andre grantig sein,
mach ih mar's fein!

Ih bin a komplizierte Frau,
iatz woaß ih's sehr genau!
Die andern sagn:
»Des isch a komplizierte Frau!«
Ih sag: »Jaja, genau!
Ih leb mei Leben ungeniert,
isch des so kompliziert?«

Ih bin a Hund

Ih bin reich,
ih gher nur mir!
Bisch du gleich?
Ghersch du nur dir?
Ih bin a Traum,
ih frag zerscht mih!
Bisch du a Traum?
Fragsch du zerscht dih?
Ih bin a Hund
ih mag leih mih!
Und du?
Magsch du leih dih?
Dih mag ih ah,
aber zerscht kimm ih –
sagsch du des ah?

Gsunder Egoismus

Da will *ih* her –
da bin *ih* wer!
Da entn
miasset *ih*
die Zeit vaschwendn!

Ih heb die Hand,
geah durch die Wand!
Ih bin soweit –
ih gfrei mih,
wenn's mih ehrlich gfreit!
Und mauln tua *ih*,
wenn *ih* mag –
wenn's sein muass,
alle Tag!

Endlich bin *ih wer* –
ih –
und nacha lang nix mehr!

Generation

Rearn mecht ih … so vor mih hin;
fragn mecht ih, wer ih denn bin!

Seifzn tua ih – die Zeit isch so kalt;
zweifln tua ih … fir de bin ih z'alt!

Denkn muass ih … isch des ah wahr?
Überlegn muass ih … ih sahch's an die Haar!

Schmunzln kannt ih …
so laft's nit!
Lachn tua ih!
… Ih laf mit!

An Ratscher machn

Ih brauch 's Redn mit dir
wia an Kaffee in der Friah!

Ih brauch dei Gher –
damit ih vastandn wer!

Telefonitis

Hallo! Drei-Null-Vier –
bin ih bei dir?
Ja, super, des isch toll,
die Leitung isch alm voll!
Hasch du iatz gredt?
Na, ih wett –
du wersch es ah nit lassn,
dih ›kürzer zu fassn‹!

Du, wia geaht'sn derer Frau?
Woasch eh! Genau!
Ih moan dei Nachbarin –
de isch alm dahin?

Und in Mann
vo nebnan?
Den hasch schu lang nit gsehgn?
Des scheint mar iatz vawegn!
Der werd decht nit vielleicht?
Aso – der isch geeicht!

Iatz isch mar Angscht und Bang –
mei Rechnung werd viel z'lang!
Dei Rechnung isch alm nieder?
Ganz klar –
weil ih dih unruaf –
immer wieder!

Nit lei heit

Zum Redn – nit lei heit –
brauch ih die Weiberleit!
Brauch ih sie zum Gfrein –
und zum Traurigsein!

Mir Weiberleit
sein Bam mit Äscht –
sein stark und fescht!

A miader Bam, der isch nit gfrag,
weil er die Äscht nit datrag!

Drum – nit lei heit
brauch ih die Weiberleit!

Danke

Wia soll ih iatz sagn,
kunn ih a ›Danke‹ noh wagn?

Du hasch mar was gschenkt –
du hasch dih so kränkt!

Ih hab's vasaumt,
hab 's Gschenk varaumt!

War nit schian!
Derf nimmer passiern!

Kannsch du des noh?

Kannsch du noh »Gelt's Gott« sagn?
Kannsch du des noh?
Gelt's Gott fir an volln Magn –
Gelt's Gott oanfach so!

Woasch du, was's Lebn isch?
Woasch du des nimmer?
's Lebn isch
a Durchgangszimmer!

Bisch du a Kamerad?
Bisch du a guater Mensch?
's waar um dih schad,
wenn's nit erkennsch!

A groaßer Bruader

Ih wünschat mar vo Zeit zu Zeit
an groaßn Bruader, den's nit reit!
An groaßn Bruader, der mih tröschtn kunn,
wenn ih Probleme hunn!

Ih mechat heit und morgn
lei redn vo die Sorgn!
Ih mechat des ah gern
vom groaßn Bruader hern!

Ih tat a guate Schweschter sein –
ih mischet mih ah nirgnds ein!
So machat's mir a Freid!
So meget ih's – vo Zeit zu Zeit!

A Gschenk

Ih mecht dar was sagn –
in dem Schachtele drein,
da kannt eppes sein!

Des isch so nett –
des isch so schian –
du wersch mih vastiahn!

Na?
Du vasteahsch mih nit?
Warum denn nit?

Megsch's nit sehgn?
Megsch's nit nemmen?
Braugsch lei kemmen!

A ›Danke‹ isch drein –
des kunn lei fir dih iatz sein!

Samariter

Beim Sonnenschein und ah beim Gwitter
bin ih a Samariter.
Ih kunn die Freind nit leidn sehgn,
gleih bin ih da – nah muass was gschehgn!

Der oane hat an Sonnestich,
er schwitzt und fürchtet sich.
Der andere muass rern,
er kunn sich nit dawehrn.
Der nägschte isch a Sealnbrummer,
hat 's ganze Jahr in gleichn Kummer!

Und ih?
Wer schaug auf mih?
Bei mir isch oft a Gwitter –
wo bleibt *mei* Samariter?

Gott sei Dank

Ih hab mei Lebn wiedergfundn –
die Watschn überwundn!
Es hat mih wild hergschundn –
aber – Gott sei Dank –
hab ih mei Lebn
wiedergfundn!

Zwang

Ewiger Zwang –
letschter Rang!

Ständiger Druck –
nia vorwärts –
alm zruck!

Iatz fang ih un
und arbeit drun!

Koa Druck –
lei vorwärts –
nimmer zruck!

Koa Zwang –
erschter Rang!

Schian sein

Ih bin nimmer so jung –
aber in mein Gsicht isch koa oanzige Faltn.
Cellulitis – hab ih ah nit!

Mei Bauch isch immer noh glatt,
die Hüftn sein schlank,
und meine Haar glänzn!

Meine Lippn sein feicht –
die Zähnd vaführerisch weiß –
und mei Bruscht isch vo der Operation straff!

In der Friah trink ih an Tee
und auf Nacht trink ih a Milch –
jedn Bissn kau ih mindeschtns zwanzgmal durch,
bevor ih'n schluck!

Ih trag bunte Kontaktlinsn,
damit meine Augn noh mehr strahln!

Aber oans mecht ih dar schun noh sagn:
Herz – hab ih koans – ih will ah koans –
fir dih nit, fir mih nit und fir koan andern!
Fir mih isch Schiansein alles!

Im Dreck

Ih steck
im Dreck
und kimm
nit wek!

Ih rer
und her
alm mehr
mein Weah!

Nia »Ih mecht!«
Nia im Recht –
Alm lei: »Schlecht!«

Iatz reicht's mar –
Ih zoag's dar!

Ih mecht –
und bin im Recht!

Nia mehr im Dreck –
ih stoaß'n wek!

Was ih manchmal mecht

In de Eckn mecht ih kriachn – mih einirolln, daß mih koaner siehcht – ganz kloan mecht ih mih machn – und nacha mecht ih rearn – richtig rearn – meine Zacha solln oirinnen und sprudln wia a Bach – endlich rearn – ih brauch mih nit geniern, weil mih koaner heart – weil koaner sagt: »Was blerschn schu wieder – geaht dar decht eh so guat – du in deiner Lag!«

Und wenn ih ausgreart hab – nah mecht ih wiederkemmen – aus meiner Eckn – ih wisch die letschtn Zacha wek – die Nasn putz ih sauber – und dann mecht ih die alte sein – luschtig – freindlich – oanfach ih!

Geaht's dar nit ah manchmal a so?

Was ih unbedingt werdn wollt

Friahger, wia ih noh ganz kloan war, wollt ih unbedingt studiern. Und nacha wollt ih a Friseurin werdn, oder a Flugbegleiterin.

Flugbegleiterin werdn isch nit gangen, weil ih mih vorm Fliagn gfürchtet hab. Studiern isch ah nit gangen, weil ih zum Lernen z'faul war!

Also bin ih a Friseurlehrling wordn. Nach 14 Tag hat mih der Chef außigschmissn, weil ih iahm die Glatzn nit richtig massiert hab. Und dahoam hat's a Mordsdonnerwetter gebn …

Oa Wochn drau hat der Chef ungruafn, ih derf's decht nohmal probiern. Ih wollt nimmer kemmen, aber mei Vater hat gsag, ih muass – ih soll decht froah sein, dass ih überhaupt a Lehrstell hab.

Mei Arbeit war in Bodn putzn und die Glatzn massiern. Der Juniorchef hat mih so voll im Aug ghabt, dass er mih sogar am kloan Fenschter noh beobachtet hat, wenn ih am Klo war. Blereda bin ih hoam und nia mehr dorthin.

Im November war's damals schwar, noh a Lehrstell z'findn. Mei Vater hat gsag, die nägschtbeschte muass ih nemmen, also hab ih die nägschtbeschte gnommen. So bin ih Fotokaufmann und Schallplattnverkaiferin wordn.

Gfalln hat's mar nit bsonders, aber ih hab die Lehrstell kriag – und ih hab in Abschluss gmacht! Des war fir dahoam 's Wichtigschte!

Ja, so isch des gwesn mit mir.

Aber 's Studiern, was ih schun als kloans Kind unbedingt wollt, des hab ih mit 50 nachgholt! Ih kunn iatz gar nit auhern damit, weil 's so fein und so wichtig fir mih isch!

Der Chef isch schuld

Seifngschmack im Magn,
ih kunn nix mehr vatragn!
Ih mag koan Tee,
's gleiche mi'n Kaffee!
Und 's Mineral –
schmeckt hahl!
Wassercancan
schmeckt flau!
Die Milch dapack ih nit –
de nimm ih gar nit mit!
In Reis
und in Mais
lass ih stiahn –
wäh, da muass ih giahn!
Kopfweah hunn ih – grausig!
Mir isch so richtig lausig!

Der Stress isch schuld – genau –
ih scheiß bald drau!
Na – der Chef isch schuld – jawoll –
iatz hab ih die Nasn voll!
Ih wer'hn valassn –
den Trottl – ih hass'hn!

Frechheit

›Der‹ sitzt sich nebn mir hin –
und frag nit, ob ih will
und wer ih bin –
ih moan, ih spinn!

Der sitzt sich nieder,
isch grantig und zwider,
fang zum Mauln un –
ih mach mih liaber davun!

Künschtlerlebn

Auf an andern Kontinent,
wo mih koaner kennt –
da mecht ih sein –
da mecht ih bleibn –
und mei Lebn
niederschreibn!

Was sagsch du?

Lacheter rern
oder rereter lachn?
Wia kannt ma's besser machn?

Ih tat moanen,
nimmer woanen –
auischaugn –
Zukunft baun!

Alle meine Kinder

Kinder

Kinder solln um mih umma sein,
ganz gleich, ob sie lachn oder schrein!

Kinder solln mit mir singen –
vo die Zwergln – wia sie 's Tanzbein schwingen!

Kinder solln mit mir spieln –
mit Stoaner und Hölzln oder oans vo de vieln!

Kinder derfn rearn,
mitnand kann's schneller besser wern!

Kinder solln wieder lachn –
und Spaßettln machn

Wenn Kinder um mih umma sein,
kunn ih mih narrisch gfrein!

Fir meine Buam
Fir'n Rudy und fir'n Robert

Da drein … ♡
wissts Es, was ih moan?

Da drein … ♡
seids es nia alloan!

De blede Faxerei
Fir'n Rudy

Der Rudy hat a Fax, ih wer varruckt!
Es wisst's ja eh, wia mih des juckt!
Der Rudy hat an Haufn Geld ausgebn,
iatz muass er sparn und wieder strebn!
Iatz muass er buggln, rechnen, freindlich sein
und 's Glump vakafn obndrein!

Sei Mausi moant: »Ja, bisch du gscheit?
Du hasch fir mih koa Zeit!
Des fax ih deiner Muatter,
nah gib's fir dih koa Fuatter!«

»Dei Muatter werd iatz ghetzt –
aber des Blede an der Sach:
Ihr Fax isch ah alm bsetzt!«

Immer

Warum sagsch du immer:
»Des woaß ih nimmer?«

Warum tuasch du so?
Bisch glatt noh froh –
wenn's koaner überreißt
und 's Handtuach schmeißt?

Passt des wirklich so fir dih –
passt des ah fir mih?

Spinner
Fir'n Niki

Lass'hn giahn!
Isch 's Beschte fir iahm!

Lass'hn toan,
er mag iatz koan!

Und hat er's nah tun,
bisch wieder besser drun!

Siebn Jahr lang
Fir'n Niki

Siebn Jahr lang hab ih gredt und gmoant,
hab glacht und gwoant!
Siebn Jahr lang hab ih aupaßt drau,
daß er guat werd und ah schlau!

Manchmal war er zwider, unzufriedn,
hat mih g'ärgert, hat mih gmiedn!
Meischtns war er liab und raffiniert,
hat mih schian am Bandl gfiahrt!

Oft gnuag war er krank und miad –
war bei iahm – ganz ungeniert!
Ja, so werd ma alt, die Zeit vageaht,
wenn aus an Babysitterkind a Groaßer werd!

Der Friedolin

Der Friedolin, der Friedolin
mit seiner kurzn Jean –
wo will er hin,
der Friedolin?

Die Aigelen sein grian,
die Handln zart und schian!

Sei Mund isch groaß und weit,
er redet viel, er redet gscheit!

Er redt in liabn langen Tag,
er redt, weil er des Redn mag!

Ih tat'hn gern vastiahn –
ih kunn iahm nit vastiahn!

Er hat a Sprach, des isch nit meine,
er hat a Sprach, des isch lei seine!

Er lacht und redt und geaht,
nimmt alles mit, was nit am Bodn steaht!

Der Friedolin, der Friedolin
mit seiner kurzn Jean –
wo geaht er wirklich hin,
der Friedolin?

Woasch noh?

LIESE: »Hallo!«
LILO: »Wer bischn du?«
LIESE: »Ih bin dei inners Kind!«
LILO: »Echt?«
LIESE: »Ja, ih bin alm bei dir und hilf dar, wenn du mih brauchsch!«
LILO: »Seit wann denn?«
LIESE: »Alm schon! Du hasch mih lei nia ghert!«
LILO: »Iatz bin ih aber froah, dass ih dih ghert hab, mih vastiahn eh so wianig Leit!«
LIESE: »Horch auf mih! Ih vasteah dih guat!«
LILO: »Und ih hab gmoant, ih muaß die andern fragen.«
LIESE: »Du bisch fir mih der wichtigschte Mensch. Dir schenk ich mei ganze Liab!«
LILO: »Mei, danke! Na bisch du sozusagen mei beschter Freind und ih deiner?«
LIESE: »Ja, genau! Vagiss des nia!«
LILO: »Du, des tut so guat! Iatz woaß ih endlich, dass ih nia mehr alloan bin!«
LIESE: »Mir tuat des ah guat! Aber kimm iatz! Giahn mar Radlfoahrn?! Und nacha zisch mar durch die Lakn und durch 'n Lettn, dass grad a so a Freid isch! Friahger ham mar des ja nit derfn – woasch noh?«

Mei inners Kind

»Mei inners Kind,
ih frag dih iatz gschwind:
Sollt ih frisch giahn,
ah wenn's die oan nit vastiahn?
Oder – sollt ih bleibn
und mei Zeit unnötig vatreibn?«

»Ja, klar« moansch du.
»Steah au,
mach koan Radau!
Vawend dei Zeit
fir bessre Leit!«

Hose voll
Fir'n Niki

Wia er noh a Bobbele war, isch er vo seiner Mama broat gwicklt wordn, damit seine Fiaßln grad auiwachsn. Jeds Mal, wenn die Mama turnen gangen isch, hat sie'hn gwicklt, und nacha hat er bei mir noh zehn Minutn aufbleibn derfn! Nach zehn Minutn warn's noh fünf Minutn, und zum Schluss warn's noh zwoa Minutn, aber des war dann wirklich der Schluss. So ham mar's jede Wochn gmacht.

Oamal isch aber was passiert:

Wia alleweil isch er zehn Minutn auf der Couch hin und her ghupft, und jeds Mal, wenn er zu mir herkemmen isch, hat er glacht und gjauchzt, dass iahm fascht die Luft wekbliebn isch. Oamal hat's aber so verdächtig grochn.

»Niki, hasch du die Hosn voll?«

»Na, hat a ma nit die Hose voll, na!«

Übermiatig isch er weiterghupft. Mei Verdacht isch jeds Mal greaßer wordn, wenn er bei mir die Kurvn gmacht hat.

»Kimm her, Niki, giahn mar a frisches Hösl unziahgn, du stinksch ja!«

»Na«, hat er energisch gsag, »tua ih nit tinkn, hat a mar gar nie die Hose voll!«

»Nah bleibsch entn – brauchsch gar nimmer zu mir herkemmen, wenn du so stinksch! So mag ih dih nit! Du bisch a kloaner Fakala, du! Mwäh!«

Des hat gwirkt!

Er hat selber grochn, isch kloanlaut zu mir kemmen und hat gmoant: »Hat a mar doch die Hose voll, komm geh'ma! Aber dann noch swei Minutn aufbeibn, swei Minutn, dann Sluss ge!«

Mir sein ins Bad gangen, ham a frisches Hösl unzogn und warn boade wieder zfriedn.

»So, iatz geahsch daweil noh zwoa Minutn auf die Couch, ih kimm gleich, ih geah grad ah noh aufs Klo!«

Schlagartig hat sich mei kloaner Freind umdraht und neigrig gfrag: »Hat du auch die Hose voll?«

A kurze, aber wahre Gschicht
Fir'n Clemens

Der Clemi isch oaner vo meine Babysitterkinder. Seine roatbraunen Haarln, seine Sommersprossn und die blaun alm neigrign Guggerlen gfalln mar oanfach guat! Obwohl's iatz amal gregnt und gschniebn hat, wollt er unbedingt mit sein kloan Bruader in Gartn oi Skateboard übn. Vor der Kinderrutschn ham sie a Lackn gmacht, und wer vo der Kinderrutschn oagfahrn isch und nacha die Lackn übersprungen hat, war der Sieger.

Daweil ih in Maxi unzogn hab, hat sich der Clemens 's Brettl gnommen und isch gsaust.

Ih ruaf iahm noh schnell nach: »Du, außn isch's kalt, ziahch dar eppes un!«

Der Clemens drahnt sich lässig um und moant ganz cool: »Mir werd nit so schnell z'kalt! Woasch, Lilo, ih bin nämlich a bißl a Warmer!«

A neis Hobby
Fir'n Niki

Zur Faschtnzeit werd im Religionsunterricht vom Leidnsweg Christi, vom Tod und vo der Auferstehung gredt. Des hat in Nikolas so fasziniert, dass er auf Nacht noh total durcheinander war und alm wieder ungfangen hat damit. Nach oaner Weil hat er mih nah eppes gfrag: »Hasch du viele Euro?«

A bißl vawundert hab ih gsag: »Naja, viele Euro hab ih nit, aber vielleicht a paar!«

Mit der Antwort war er nit zfriedn: »Wenn stirbschn du?«

Mir isch die Luft wekblieben: »Ih woaß es nit, wenn ih sterbn muass!«

»Stirbsch du bald?«

»Warum soll ih denn bald sterbn?«

»Ja, bisch du nit alt?«

»Des glab ih iatz nit, dass ih scho so alt bin, dass ih sterbn muass!«

»Bisch du noh nit so alt wia der liebe Jesus?«

»Braugsch koa Angscht haben, beim Jesus isch des ganz was anders, ih wer dar des …«

»Ih hab koa Angscht, ih wollt lei wissen, ob du mar deine Euro erbsch, wenn d'stirbsch!«

»Okay, du erbsch meine Euro! Isch es des, was du wissn wolltesch?«

»Ja! Ih hab nämlich a neis Hobby: Ih tua Euro sammln …«

Muttertagserinnerung
Fir die Walli und die Heidi

Gneatig ham mar's ghab, meine Schweschtern und ih! Den beschtn und schianschtn Muttertag wollt mar machn! Oan Tag davor ham mar besprochn, wer in Kaffee macht, wer die Bluamen vom Gartn holt und wer in Tisch deckt.

»Du holsch die Bluamen, aber nit de vom Fenschter. – Du stellsch in Kaffee auf, tua nit zviel Wasser augiaßn. – Und ih richt in Tisch in der Bauernstubn!« So hat sie gredt, die Älteschte!

Liaber waar ih liegn bliebn in mein Stockbett und hat mih gern noh amal umdrahnt! Nacha bin ih halt mit'n Nachthemd in Gartn außi die Bluamen holn. In der Friah siehcht mih eh koaner, hab ih mar denkt.

Es hat nit lang dauert, und ih hunn an wildn Rempler kriag. Mih hat's umghaut – und ih bin in an Kuahfladn glegn! Die Bluamen hat's durch die Luft gwirblt, dass grad so a Freid war! Mei Hund hat gschwanzlt und ganz valegn gjault ...

Die Jüngere hat in Kaffee gmacht! Sie hat ... z' viel Wasser dawuschn, iatz isch de ganze Suppn am Bodn glandet ... Daweil hat die Ältere audeckt und ungeduldig aufs Bluamenstraißl und auf'n Kaffee gwartet.

»Die Tortn!« hat sie auf oamal gruafn. »Au weh! Mir ham alle drei auf die Muttertagstortn vagessn!«

Schnell ham mar insre Sparschweindln daschlagn, und der Papa hat a Tortn gholt! Aufgreg warn mar alle drei, 's Herz hat bis zum Hals auigschlagn – aber beim Gedichtlausagn hat koane gstottert! Des war a Muttertag, den ma nit so schnell vergessn!

Muttertag amal ganz anders

Jeds Jahr des gleiche! Der Vater häng die Murfel oi, weil Muttertag isch!

»Was megsch denn?! Hasch eh 's ganze Jahr Muttertag – und Platz kriagn mar sowieso koan zum Essn!«

Die Kinder ham ah nimmer Zeit! Sie sein schu groaß und ham an Megastress! »Mei Mama woasch heier – na heier kunn ih wirklich nit – ih muass noh 's Motorradl putzn. Aber nägschte Wochn amal – da kimm ih ganz gwiß! Da kannt ih dar gleih die Wäsch vorbeibringen!«

Die Mama kriag an Fruscht: »Des isch also mei Familie! 's ganze Jahr bin ih da fir sie, trag iahnen alls zum Hintern nach – und nit amal am Muttertag ham sie Zeit fir mih! Friahger – ja, friahger war des ganz anders mit de kloan Kinder: Der Tisch war deckt, a Tortn hat's gebn, a paar Bliamln dazua! Der Reih nach sein sie alle dagstandn! Ja, friahger!«

»Geah her decht au! Wer hat'n zum Vater gsag: ›Oamal wersch's woll audastiahn und die Kinder a bissl helfn?‹ Und wer hat'n z'Mittag kocht, weil's dahoam feiner war, und weil nah wirklich alle beinander warn, zammt der Oma und in Opa?«

Nett war's trotzdem – aber so nett a wieder nit, dass ih nachrearn miasset! Ih kaf mar selber a Tortn, wenn ih oane mag, und ih geah Essn, wenn ih nit kochn will!

Intressanterweise kemmen sie iatz vo ganz alloanig – sie legn a Bluamenstraißl auf'n Tisch. Sie schreiben a Zettele, weil ih nit dahoam bin: »Hallo, Mama, hasch morgn Zeit fir an guatn Muttertagskaffee? Mir kanntn alle an Ausflug mit der Maschin machn! Pfiat Dih daweil!«

So isch der Muttertag – amal ganz anders …

Gsund und decht nit gsund

Gsund und decht nit gsund

Der Doktor isch nit da, er hat an Gneat –
»a guater Psychiater«, so hab ih's ghert!

Gott sei Dank, iatz kimmp er daher,
und sag: »Kimm eina und hock dih her!
Was hasch denn, bisch nit gsund,
isch dei Herzl wund?«

»Du lieber Dokter, du,
was sollt ih denn grad machen?
Oamal zwickt's da und oamal da,
des sein vaflixte Sachn!
Muass ih iatz zum nägschtn Dokter giahn,
oder sollt ih's mit an Pulver probiern?«

Der Dokter moant, ich siehch's nit richtig,
ausschlafn waar wichtig!
An innern Friedn dazua,
nah fand ih die Ruah!

A halbs Pulver kannt nit schadn –
nah waar ih nit gar a so gladn!

Operation

Operiert werd heit recht viel,
des isch in Dokter sei Ziel!

Nacha liegsch im Bett, bisch zwider,
hocksch Dih au – na haut's dih nieder!
Liegsch a bissl vorn, a bissl hintn,
der Weah will nit vaschwindn!

Hab nit gar so an Gneat,
weils eh wieder besser werd!

Durchfall

Ih mag koan Tee,
da kriag ih Magnweh!
Ih mag koa Suppn –
koa meahlige Soß,
da geaht's erscht richtig los!

Ih schlürf a Milch mit Zwieback drein;
nah laßt der Darm des Blubbern sein!
Obn au an Caucau,
und der Durchfall heart au!

Und wenn ih des Pappele trink, so alle Stund,
nah bin ih wieder gsund!

Schulter-OP
Fir'n Dr. Golser

So a Schulter-OP,
de tuat weh!
Nit gleih beim Operiern,
da tuasch eh ›meditiern‹!

Aber nacha – da werd's grausig,
da werd's richtig lausig!
Da werd dar so oft schlecht –
wersch sehgn, ih hab recht!

Liegsch im Bett und bisch k.o.!
Tablettn kriagsch du sowieso –
fir die Schmerzn und fir'n Magn,
zwecks Tablettelen vatragn!

Nach drei Tagln derfsch du giahn!
Hoamwärts! »Iatz wird's schian!«
Du moansch, du kunnsch alls machn,
putzn, kochn, Keksl bachn!

Taisch dih nit, du bisch nit gsund,
iatz geaht's richtig rund:
therapiern, liegn, raschtn,
langsam drahn und ja nit haschtn!

Schonen, schlafn, ruhig bleibn,
gsund die Zeit vatreibn!
Folgn, wenn der Doktor kimmp
und die Nahtln außernimmt!

Und auf oamal bisch du fit –
und tuasch ›volle‹ wieder mit!

Schultertherapie
Fir'n Martin

Ih gfrei mih auf dih
und auf die Therapie!

A bissl knetn und masssiern,
a bissl streichln und die Hand obiagn!

Ih bin so froah – du bisch echt guat –
vor dir ziahg ih in Huat

und sag dar danke fir's Massiern –
iatz kunn mar echt nix mehr passiern!

Kraiterbadl

Ih hab ghert, dei Köpfl brummt,
weil im Hirn z'viel umanandersummt.

Nimm a Kraiterbadl, nah werd's leichter,
's Meer voll Sorgn seichter!

Isch im Lebn so:
oamal traurig, oamal froh.

Oamal krank und oamal gsund,
oamal isch die Seal ebn wund.

Nimm a Kraiterbadl – schnauf's fescht ein,
nah wersch innen und außn wieder rein!

A Kreiz mi'n Kreiz

A bissl giahn –
a bissl stiahn!

Alm sitzn
macht schwitzn!

Isch a Kreiz
mi'n Kreiz!

Au! Die Bandscheibn!
Muass ruhig bleibn!

Koa Geduld?
Mei Schuld!

Nimmer stressn –
Hektik vagessn!

Ih lern gmiatlich wern –
innen einihern!

Krankheit kuriern –
und ›weitermarschieren!‹

Kranknstand

Krank sein oder sterbn,
Sprung im Glasl
oder Scherbn?

Spritzn und Tablettn?
Um'an Hals Manschettn?

Isch nit fein, o na,
's Gnack isch steif,
die Händ sein laar –
kennen nix mehr buggln
oder Stundn schmuggln!

Aber 's andere isch gsund –
die Augn, die Nasn und der Mund!

Krank sein oder sterbn?
Liaber 's Erschte!

Nit so gach vaderbn!

Die gsundn Pulverlen

Es isch zum Davunlafn,
so viele Pulverlen gib's zum Kafn:
Vitamin B,
Calcium und 's C –
solln guat sein fir die Nervn,
aber bitte: In Beipackzettl nit vawerfn!
Zersch muaschn lesn, nah kunnsch probiern,
ob dar die Pulverlen ah zum Magn stiahn!
Wenn nit, trinksch gscheiter an Tee,
oder du nimmsch 's Vitamin E!
De wirkn auf die Radikaln
und fressn die Giftler, de Hahln!
Fir die Oschterrose, ih moan die Boaner, gib's Hormone,
aber ih sag dar's gleih, de sein ah nit ohne!
Fir die Boaner sein sie nit schlecht,
und firs Hirn – na, ih woaß nit so recht …
Nimm liaber 's Vitamin K,
de helfn beim Denkn ah!
Wersch aber beim Denkn manchmal hin,
nimmsch besser 's Pur Lecithin!
Und wenn dei Körper alls vatrag,
nah machsch an Mineralientag:
Magnesium, Eisn, Nitrat,
Kalium, Kupfer, Karbonat,
Phosphor, Eiweiß, Fett
und die Citrate im Duett!
Nacher geaht's dar *ultrasuperplus*,
bisch total im Schuss!
Grad oans derfsch nit vagessn:
Zwischndurch solltesch eppes anders –
ah noh essn!

A schnells Rezept

Wenn ih an Guglhupf mach, schalt ih zerscht in Mixer ein. Nacha hau ih a vier oder fünf Goggelen eini, 's Eiklar gib ih in a andere Schissl. Und weil ih's meischtns eilig hab, hau ih in Zucker, die Butter und 's Meahl ah gleih eini. Owiagn tua ih nit, des mach ih mit die Händ. A Packtl Packpulver und a Maulvoll Rum tua ih noh dazua, und in Rescht erledigt der Mixer.
    Daweil der Mixer fir mih arbeitet, schlag ih die Eiklar mit'n Schneabesn lappat, nacha fett ih noh gach die Kuchnform ein, laar die ganze Mischgulanz eini, schalt 's Rearl ein, und a Stund spater isch der Guglhupf fertig. Je eiliger dass ih's hab, desto besser werd er, der Stresskuchn.
    An guatn Appetit wünsch ih noh!

Iss nit so viel!

Bitte! Bestell des nit –
ih siehch's – und iss mit! –

Bitte! Lass des sein!
Ih riach schun in Speck
und in Wein!

Bitte! Schaug auf dih –
und iss nit so viel –
so wia ih!

Die guatn Kraiterlen

Arnika im Alkohol
tuat dein Rheuma wohl!

Hollerbliatn muasch probiern –
zum Inhaliern!

Wacholderbeern fir'n Magn
helfn dar bei Unbehagn!

Himmlschlüsselen im Tee
isch firs Herzlweh!

Birknblattln nimmsch zum Reinign,
und die Tannenwipfl sein die Meinign!
Sein fir'n Huaschtn fein zum nemmen,
toan die Bronchien glatt hemmen!

So vieles … und so weiter –
tuat mar load – ih muaß iatz weiter!

Kurschattn

Schnudelen und schmuselen,
grabschn mit die ›Buselen‹,
mit die Aigln tiafer schaugn –
des kannt dir und mir guat taugn!
Liebelen auf Kur –
ghert des ah dazua?

Kur

Gleih bei Salzburg hintern Zaun
isch a Kurhaus in Vigaun.
Sollt ih dar a bissl was dazähln,
megsch dih zu mir stelln?

Der Guschtl mit sein Kreuz werd fescht massiert,
der Seppl schnauft Ozon – er inhaliert.

Die Moidl schwimmt in ganzn Tag,
fir sie isch des a Plag.
Ihrn Wirbl hat's vaschobn,
der untere druckt ihr nach obn.

Zwoa Damen lassn sich vawöhnen,
sie ghern zu die Schönen.
De trinken 's Thermowasser literweis
und futtern Schnitzl ohne Reis.
Der Reis macht dick, er blaht sie au –
des passt decht nit zur ›schönen‹ Frau!
Sie wolln ah was dalebn –
an Seitnsprung – so schnell danebn!

Drei Wochn giahn auf oamal umma,
vagessn isch der Sealnkummer.
Und der Alltag frisst die gsunde Ruah –
wo isch der Antrag fir die nägschte Kur?

Is eh wuascht
Oberösterreichischer Dialekt

Sag ih: »An guatn Morgn wünsch ih dar!«
Sagt er: »Moahgn!«
Sag ih: »Und – ham mar guat gschlafn?«
Sagt er: »Na, gar net guat gschlofa.«
Sag ih: »Oje, warum nit?«
Sagt er: »Gar net guat gschlofa, die Matratzn is vü z'hoart – 's Kreiz tuat mar weh.«
Sag ih: »Geahsch grad umi in die Rezeption und holsch dar a woache Bettauflag. Des hab ih zuafällig ghert, wia ih vorgeschtern unkemmen bin.«
Sagt er: »Na – is eh wuascht, a bißl was muaß ma scho aushoitn. Waun ih wieder hoamfoahr, hab ih eh mei Matratzn.«
Sag ih: »Und wia geaht's dar sinsch da?«
Sagt er: »Net so guat.«
Sag ih: »Wieso nit?«
Sagt er: »Lauter hoche Berg, da kunst ja depressiv wern!«
Sag ih: »Du wersch woll wegn drei Wochn nit depressiv wern, oder?«
Sagt er: »Na – is eh wuascht, ih foahr daun wieder hoam.«
Sag ih: »Jaja, wia d' moansch. – Dafir gib's nah gleich a guats Fruahstuck, wenn mar mit der Kurzwelln fertig sein! Um sexe in der Friah a Therapie – und des mit niachtarn Magn isch schu decht a bissl happig! Ih gfrei mih iatz auf an Kaffee.«
Sagt er: »Ih tring koan Kaffee.«
Sag ih: »Ja, oder an Tee halt.«
Sagt er: »Ih tring koan Tee.«
Sag ih: »Was trinksch'n nacha?«
Sagt er: »Ih tring an Gagau, aba den gibt's da net – nur a Müch, und de mag ih ned!«
Sag ih: »Geah zum Adeg oi und kaf dar a Nesquick oder a Benco, nacha hasch ah an Caucau.«

Sagt er: »Is eh wuascht – waun ih wieder dahoam bin, daun hab ih eh mein Gagao.«

Sag ih a bissl verärgert: »Aber sinsch geaht's dar schun guat da, oder?«

Sagt er: »Naja, in der Fruah scho die Therapien … und waun daun so vü Leit vor der Kurzwöln sitzn, aufgschlicht wia die Sardinen, des gfoit mar net so guat. In der Nacht de hoarte Matratzn, in der Fruah koan Gagau. Des is a Gfret! Aber – is eh wuascht!«

Sag ih: »Iatz glab ih's nacha! Mir sein fascht drei Wochn noh da! Du wersch's woll zur Rezeption und zum Adeg dagiahn und dir a Matratznauflag und a Caucaupulver daholn! Des gib's decht nit!«

Sagt er: »Na – is eh wuascht.«

Sag ih: »Woasch, was? Tuasch iatz grad, wia d' moansch, weil mir – mir isch's iatz ah wurscht!«

Im gleichn Haus
Oberösterreichischer Dialekt

»Schlafst leicht scho? Schlafst scho?«
»Na, ih schlaf noh net, aber der Schwitz kummt scho aufa. Is de Frau leicht noh da?«
»Wöche Frau?«
»Na, de da drübn.«
»De is scho gaunga.«
»De is scho gaunga? Geh weida!«
»Ja, ih glaub scho.«
»Der Vurhang is aber noh zua.«
»Was is leicht zua?«
»Na, der Vurhang is noh zua!«
»Waun der Vurhang net zua waar, tat ma einesehgn, oiso is noh da!«
»Is eh guat, dass der Vurhang zua is, sunst tat ma noh Hoamweh kriagn, goi!?«
»Des is woahr! Wia lang bist'n du scho da?«
»Ih hab Hoibzeit, es geht mar eh scho vü besser!«
»Was hast'n leicht ghabt?«
»Vom Öpfibam bi ih owagfoin! Siebn Meter!«
»Siebm Meter bist owagfoin? Da warst aber gschwinder wia d'Öpfi!«
»Ja, eh! Lauter Splitter hab ih im Oberschenkl ghabt, ih bi drei Monat im Spitoi glegn, und daun is mei Frau ah noh gstorbn. Is recht oarm gwedn.«
»Was is leicht dei Frau?«
»Na, gstorbn is. Arm is gwedn. Sie hat sih vabrenna lassn.«
»Was hat s' rina lassn?«
»*Vabrenna* hat sie sih lassn!«
»Jaja, is eh vü gscheider, 's Vabrenna! Und appetitlicher is ah, ois wia de vün Wiarm!«
»Und jetz hüft ma d'Schwagerin.«
»De geht dar leicht a weng zua?«

»Ja, de wohnt oa Haus nebn mir. Amoi in der Wochn kumt s' putzn und mih bodna und Kopf waschn! Ih gib ihr eh siebn Euro in der Stund. – Aufn Bam aufekräun derf ih nimmer, die Öpfi hoi ih hiatz mit der Loater.«

»Wia oit bistn leicht?«

»78 bi ih, aber sunst pumperlgsund.«

»Geh, wirklih woahr!«

»A paar Nägl hab ih scho noh drin, ih woaß aber net, ob de außakuma.«

»Was hast leicht?«

»Vielleicht kuma d'Nägl wieder außa!«

»Wöche Nägl?«

»Na, de vo der Wirbesäun.«

»Geh, des is gscheit!«

»Ih wickl mih jetz aus, ih bi ferti!«

»Was tuast leicht?«

»*Auswickln* tua ih mih! Und a schens Wochnend wünsch ih dar, goi?«

»Ih wünsch dar ah a schens Wochnend.«

»Aber mir sehgn uns eh noh.«

»Was sehgn mar leicht?«

»*Mir* sehgn uns eh noh, mir hand ja im gleichn Kurhaus!«

Und bevor der zwoate außigangen isch, hat er zu mir ummagredt: »Frau, wauns d' noh drin bist ... daun kaunst hiatz schlofa!«

O Gott, isch des a Gschenk!
Fir die Kaller Mama

Nachts um halbe zwoa isch ihr schlecht wordn, der Druck im Kopf war nicht mehr zum Aushaltn! Mit der Rettung in die Klinik, CT, Tiafschlaf, Intensivstation. Computer, de Tag und Nacht piepsn, der Monitor zoag jedn Herzschlag, un alles laft, sogar die Schlaichln bewegn sich leicht hin und her – lei sie lieg ruhig drein, sie schlaft tiaf und fescht.

Der erschte Bsuach war schrecklich: Schurz unziahgn, Händ desinfiziern, einigiahn zum Bett – und die Muttl häng oan oi bis zum Bodn! Hilflos war ih – und unendlich traurig! Die Zahcher sein mar im Hals gsteckt! Iatz hoaßt's aber zammreißn! De Blererei nutzt ihr überhaupt nix – also: dahoam blern!

Nägschtn Tag und übernägschtn Tag ändert sich – nix. Tiafe Trauer und groaße Hilflosigkeit isch in mir.

A Weil spater werd's a bissl leichter, ih kunn's iatz endlich unnemmen – ih verdräng's nimmer – es – isch – so!

Ih will eini zu ihr, will redn, streichln, schaugn und in Dokter fragn.

So vagiahn die Stundn, die Tag die Wochn und die Monat. A stoaniger Weg!

Oamal moan ih, es werd eh alls wieder guat, und im nägschtn Moment hab ih ›die Krise‹! Und decht kimmt nach an halbn Jahr die Zeit zum Aufwachn! Groaße Aufregung, Herzklopfn und Bangen!

Gach eini, Schurz unlegn, Händ desinifiziern und hin zum Bett. Vielleicht blinzlt sie heit schun oder riahrt in Finger? Vielleicht bewegt sie in Mund oder gar die Zeahchelen?

Schaug! Die Nasnspitzn, ih moan, die Nasn beißt sie! Sie gspiart des schun, wenn ih die Nasn kitzl. Mei, schaug her, die Augn – sie blinzln – iatz giahn sie halb au! Mei Herz zerspring vor Aufregung! Und iatz – die Aigln – sie macht die Aigln au – sie kennt mih vielleicht – ja, ih moan, sie kennt mih – sie lachelet a ganz a kloans bissl! Iatz macht sie die Augn wieder zua. Des isch ja sicher anstrengend fir sie.

Bin ih a Mandl oder a Weibl? Sie hat mih ungschaug – sie hat mih vielleicht kennt – und sie hat a bissl glacht! Sie isch wieder da auf insrer Welt. Mir kimmp's a so vor, alls waar ih mit ihr nei geborn …

O Gott, isch des a Gschenk!

Lebnsretter
Fir die Walli

An Mordsstolz hab ih auf sie, seit sie mar des Gschichtl dazählt hat:

Die Tochter hat sie zu an Musical nach Wian eingladn. Ausgrechnt in Oberösterreich, in ihrer altn Hoamat, hat die Tochter außi miassn. Sie sein vo der Autobahn ogfahrn und ham sich a Gaschthaus gsuacht, wo sie gleich eppes essn kennen.

In Rutznmoos, so hat die Ortschaft ghoaßn, sein sie ins Dorfgaschthaus ›Zur Peppitant‹ gangen. Da hat's ›Hascheeknedl‹ gebn – a Spezialität, de sie dahoam ah alm kriagt hat, wenn sie vo der Schual an Oanser hoambracht hat. Und wia sie so die Knedln gessn ham, sein sie mit zwoa Manderleit vom Nebntisch ins Ratschn kemmen. Oaner vo de zwoa hat sich gleich amal verabschiedet und wollt giahn. Seine Fiaß ham auf oamal nimmer tun, und er isch umgflogn wia a Sackl Sand – koan Riahrer hat er mehr gmacht. Sie isch wia der Blitz umigschossn, hat'hn auf die Seitn drahnt und in Puls gmessn. Koa Puls mehr! Sie hat iahm die Zähnd außer tun und betet: »Herrgott, lass'hn wieder schnaufn, siensch muass ih'hn wiederbelebn!«

Gott sei Dank hat er wieder nach Luft gschnappt, daweil sie'hn Herz massiert hat. Die Rettung isch mit Blauliacht kemmen und hat'hn ins Kranknhaus bracht.

Ihr Mann und die Tochter sein wia ungwurzlt dagstandn – kasweiß in Gsicht – groaße Augn, und koa Wörltl ham sie mehr daredet.

»Was hab's denn?« hat sie sie gfrag. »Des passiert mar fascht alle Tag. Bled isch lei, dass ih's nia dafrag, ob die Patientn überlebn.«

Nach'n Mittagessn sein weitergfahrn nach Wian und ham sich die Elisabeth ungschaug. Danach sein sie wieder hoam. Hundsmiad vo der langen Fahrt, ham sie am Vormittag ah noh gschlafn, bis sie 's Telefon augweckt hat.

»Griaß Got! Ih bi der Schwiegersohn vom Wiesingerbauern. Sie hand gestern in Rutznmoos gwen und ham mein Schwiegervotern 's Lebn grett! Ih mecht Ihna vümois daunkschen sogn! Es geaht eahm eh scho wieder besser! Und waun der Wiesingerbauer wieder dahoam is, tät ih Eahna gern auf hausgmochte ›Hascheeknedl‹ eilodna!«

Sie hat sich so narrisch gfreit! Gfreit, weil sie an Menschn 's Lebn grettet hat, und gfreit, weil sie's endlich amal dafrag hat!

Und ih – ih hab an Mordsstolz auf mei Schweschter, seid sie mar des Gschichtl dazählt hat!

Natur

Vogelen

Ih geah in die Natua,
da hab ih mei Ruah.

Ih siehch in Hergott im Himml,
die Wolkn wia weiße Schimml.

Ih her die Vogelen singen
und siehch ihre Flügelen schwingen.

»Vogelen! Singts weiter in Gottes Natua,
ih horch eich so gern zua!«

Bienenmenü

Im Fruahjahr, wenn's nah aper werd,
der Winter ins in Ruckn kehrt,
die Palmenkatzln wieder bliahn,
die Bluamen in der Wiesn stiahn –
nah kemmen sie und schleckn –
die Bienelen, de keckn –
na schmatzn sie und futtern,
nah lachn sie und pfnuttern!

»Hasch du scho gnuag, Frau Nachbarin?«
»Jaja, ih bin dahin –
ih fliag iatz hoam zum Honigriahrn,
fir meine Leit, de was in Huaschtn gschpiarn –
und fir die Freind, de Honig essn –
isch so gsund!
Hasch du's vagessn?«

's Tauträpfl

Wenn d' in der Friah ins Waldl geahsch,
wenn d' vo die Vögl 's Zwitschern hearsch,
nah magsch grad autoan deine Guggerlen,
da gib's an Haufn ›Zuckerlen‹.

Die Bam sein munter und schwingen mi'n Wind,
die Sunn strahlt wia a kloans Kind.

Sitz dih nieder und schaug die Käferlen zua –
Hunger ham sie, der Bauch lasst iahnen koa Ruah.

Zwischn die Grasln geaht's luschtig her;
die Tauträpfln vadunschtn immer mehr.

Auf oan Blattl sitzt a Träpfl, des isch gar schian,
es will nit vo dem Blattl wekgiahn.
Ganz vabissn hockt's auf sein Platztl –
aber die Sunn moant: »Kimm, du kloans Schatzl!
Folgn muasch, ah wenn du so schian blinzlsch,
du ghearsch zum Kreislauf der Natur,
ah wenn d' iatz winslsch!
Kimm! Vadunscht so wia die andern,
mitnand isch's besser, 's Weiterwandern!«

Donnerwetter

Käferlen, Fluign, Muckn
toan sich hinters Baml duckn.
Donner kimmp, und Blitz schlag ein –
iatz dunkt's iahnen nimmer fein!
's erschte Tröpfl fliag aufs Zweigl,
d' Schneckn blinzlt mit die Aigl –
muass sich gschleinen mit ihrn Haisl!
Schnell fliag no a Meisl,
vor die Haglkerner kemmen
und ihr Hoamatl vaschwemmen!
's Reahchl isch noh kloan und fürchtet sich –
so a Gwitter isch gar fürchterlich!

Nacha kimmp die Sunn und strahlt,
weil s' an Regenbogn malt.
's Wetter isch vorbei. War des a Zuig!
Alle gfrein sich mit der Fluig!
Nacha hersch es kraschln, lafn, schwingen,
Burzigagl schlagn, Liadl singen,
tanzn, springen, Gaudi machn,
luschtig sein – und alle lachn!

Mir fallt nix ein dazua
Fir die Lisi

Wia a Gletscherbach glitzern die Aigln –
und mir –
fallt nix ein dazua!

Ihre Griabelen sein zum Valiabn –
und mir –
fallt nix ein dazua!

Aus so an Mund kimmp lei Guats –
und mir –
fallt nix ein dazua!

Gschäft hat sie, Familie hat sie –
aber mir –
fallt noh immer nix ein dazua!

Voller Liab isch sie,
voller Freid und innerer Ruah –
iatz fallt mar was ein dazua!

Sie isch a Gottesgschenk, sie isch Natua –
und mir –
fallt nix mehr ein dazua!

Was isch reich?

Was isch reich?
Und wer isch reich?
A Scheich?
A Präsident?
A Dirigent?

Nana!
De sein nit reich!

Wer isch wirklich reich?
A Teich?
A Fisch im Bach?
A Vogl am Dach?

Vielleicht!

Was hoaßt iatz reich?
A Leich?
A Junger, der spritzt,
a Spinner, der flitzt?

Ih woaß es iatz:
Ih bin reich!
Ih bin koa Scheich,
ih hab koa Geld,
ih bin koa Leich,
ih bin auf der Welt!

Ih leb in Gottes Natur
und bin zfriedn
rund um die Uhr!

A Lawin

A Lawin aus Schnea –
mein Gott, tuat de weah!

Sie isch so hart und ohne Gfühl,
sie isch brutal – und denkt nit viel!

Sie haut alls zamm, sie nimmt alls mit –
aber denkn – tuat sie nit!

Sie kunn nit denkn,
sie isch aus Schnea,
sie kunn lei poltern –
aber sinsch – nit viel mehr!

A Lawin aus Schnea –
liaber Gott, des tuat weah!

Seebebn

Siehg sie's nit?
Kennt sie's nit?
Gspiart sie's nit?

Na, sie hat's nit gspiart!

Der Tod hat sie gholt!
Viele hat er gholt!
An ganzn Kontinent hat er gholt!

Isch so schnell gangen!

Aber sie hat's –
Gott lob –
nit gsehgn,
nit kennt
und nit gspiart!

Mei Bankl

Hantig isch er, steil und vazweig –
ih moan in Sennermahdsteig.

Auf halber Streckn steaht a Bankl in friedlicher Stille,
schian zum Raschtn – ganz mei Wille.

Ih mag des Bankl so gern –
da kunn mih koaner stearn!

Rumerspitz

Die Rumerspitz war heit mei Ziel,
a stoaniger Weg – und ›ganz nett viel‹ …
viel fir meine Haxln –
stundnlang giahn und stundnlang kraxln!

Nah steah ih vorm Kreiz und bet a Gsatzl:
Himmlvater, bisch decht du a Schatzl,
hasch ins an Gipfl gschenkt,
hasch auf die Rumer denkt!

Was Feins

Mei Freindin
Fir die Edith

Mei Freindin isch gar schlau.
Frisiern kunn de Frau!
Die Haar vo Schwarz auf Blond kaschiern,
die neie Farb isch decht so schian.
Vielleicht an Sommerschnitt
fir ›Fit mach mit‹?

Die Wimpern schminkn
zwecks 'n ›Blinkn‹ –
am Mund an Lippnstift,
dass oan der Herzschlag trifft!

Mei Freindin isch – schau, schau –
die allerbeschte Frau!

Die Unterhosnfreindin
Fir die Leni

Wia sollt ih sagn, ih woaß es nit,
ih miasst's erklärn, so Schritt fir Schritt.
Ih miasset – na, ih sollt!
Ih kanntat – na, ih wollt!
Ih wollt erklärn,
wenn zwoa wolln ›Freindin‹ werdn,
nah toan sie redn
über die Sorgn von an jedn,
über die Liab und die Manderleit,
über die Eifersucht und die Weiberleit.

Nah werdn sie richtig Freind,
intim so, wia's mar scheint.
Sie lernen sich bis untn eini kennen,
Sag ih ja, ih tat des ›Unterhosnfreindin‹ nennen!

Mei Fahrradl

Ih bin gern mit'n Radl unterwegs. Nit so gern bin ih z'Fuaß unterwegs, wenn 's Radl hin isch. Meischtns muass ih's in der Werkstatt lassn und kann's erscht am nägschtn Tag holn. Und so isch's mar amal passiert, dass ih an Patschn ghab hunn. Ih hab's ins Gschäft bracht, und der Chef selber hat gmoant, dass es mindeschtns zwoa Tag dauern werd.

»Na, des geaht gar nia«, hab ih gjammert, »ih brauch 's Radl unbedingt heit noh!«

»Na, tuat mar load, heit geaht's ganz gwiß nimmer, aber – weil mih gar so nett unschaugsch, richt ih dar's vielleicht bis morgn in der Friah.«

»Meina, geaht's nit decht noh bis heit auf Nacht? Bitte! Ohne Radl kimm ih mar vor, als wenn ih nackat waar!«

Der Chef hat mih groaß ungschaug und gschmunzlt: »Kanntesch du's nägschte Mal ohne Radl kemmen?«

Alloan

He! Was tuasch'n da alloan?
Andern siehch ih koan.

He! Wo lafschn iatz hin,
wenn ih grad kemmen bin?

He! Bleib decht bei mir!
Ih bin ja da – bei dir!

Anständig augraumt

Wenn ih sagn tat, dass ih ghert hunn, wia zwoa Nachbarn in Urlaub miteinander vabracht ham, nah tat ih sagn, des isch a so gwesn: Gleih in der Fruah sein sie loszogn, er isch a Stund friahga mit'n Zug gfoahrn – wegn der Sicherheit –, sie isch a Stund spater nachkemmen.

Endlich sein sie im Flieger drein gsessn, aber sie ham wieder aussteign miassn, weil 's Flugzeig überladn war. Nacha isch's soweit gwesn. Sie sein nebneinander gsessn, ham Handl gheb und ganz valiabt dreingschaug.

Iatz geaht's in die Turtlwochn! Drei Stundn lang haben sie lei valiabt dreingschaug und Handl ghebt. Die Handl ham sie gheb, weil sie Gott sei Dank koaner kennt hat. A schianer Flug war des!

Und aufs Hotel sein sie bsonders neigrig gwesn. Wo eppa de zwoa Oanzlzimmer sein – wegn der Sicherheit!

Warm war's, 's Essn war guat, und die Bettn warn fein und ham nit quitscht. Lei wegn der Sicherheit habn sie des gleih ausprobiert!

Schwimmen und Strandliegn macht miad, drum sein sie amal nach'n Mittagessn ins Zimmer gangen.

»Derf ih mit?« hat er sie vorsichtig gfrag.

»Ja, freilig! Kimm lei, toan mar a bissl raschtn mitnand«, hat sie gsaislt.

Und so sein sie in ihr Zimmer gangen – zum Raschtn. Na ham sie sich niederglegt. Aber komischerweise sein sie auf oamal gar nimmer miad gwesn – na, ganz im Gegnteil! Sie hat'hn herbusslt, na hat er sie herbusslt. Sie hat'hn gstreichlt, na hat er sie gstreichlt. Sie hat'hn fascht nackat auszogn, nah hat er sie ah fascht nackat auszogn, weil's a so hoaß war. Na hat sie an Sekt vom Kühlschrank gholt und an Schluck trunkn, nah hat er an Schluck trunkn, und nacha hat sie noh a Schlickl trunkn, er hat ah noh a Schlickl trunkn.

Und so isch's halt weitergangen bis auf Nacht. Spritzig war er – der Sekt!

Irgendwann sein sie decht miad wordn, und er isch in sei Zimmer gangen. Vo sein vadrahntn Hösl hat die Markn aussagschaug. Die Haar warn zerwuzlt, die Sockn und die Schuahch hat er in der Hand tragn, und der Pullover war vakehrt unzogn.

Vadattert und vatramt isch er mit vaschlafne Augn außi bei der Tir. Seitwärts isch er außi. Wegn der Sicherheit!
»Guate Nacht«, hat er gflüschtert und hat ihr noh a Bussl auidruckt.
»Schlaf guat«, hat sie gflötet.
Nacha hat er sih auigschleppt über die Stiagn – in sei Zimmer.
Nägschtn Tag, beim Fruahstuck auf der Terassn mit Aussicht aufs Meer, hat sie'hn hinterfotzig gfrag: »Haschn du geschtern tun?«
»Bisch du bled?« hat er gmoant und hat sich noh drei Goggelen vom Buffet gholt.
Und wenn ih iatz sagat, ih hab des nit ghert, ih waar des selber gwesn, nah tat ih sagn, den hunn ih anständig augraumt …

Italienischkurs

Italienisch giahn hoaßt ›frequentare‹
über's ganze Jahr – und nacha gib's ›mangiare‹,
klarerweise italienischs Futter
mit Olivnöl und ohne Butter.

Italienisch lernen nix ›problema‹ –
mir kapiern jedes Thema!
Nudln, Fleisch und vino,
Kuchn Schlag, an cappuccino!

Urlaub, Meer und Strand –
nette Mädls – allerhand!
Viele Drinks und Amaretto –
dolce vita, gach a letto!?

›A letto‹ hoaßt ins Bett,
studiare italiano – des isch nett!
Nacha bisch du perfettito –
hasch mih iatz capito?

Englisch schpuckn

Mister Harrison! Oh,
I love you so!
Was hoaßt iatz des?
Aso moants es:
›I love you so‹
hoaßt: ›Mir sein froh‹?
Und Mister
hoaßt ›Benzinkanischter‹?
Ih vasteah des schon,
mei Auto isch der Harrison
und Mister –
der Kanischter!

Mister Harrison, you are my dear!
Bleib decht bei mir!
Tuasch eh nit muggn,
wenn's englisch werd nit zuggn!
Mir ham ins wirklich gern,
toan ins verehrn!
I love you very well –
mir ›schpuckn‹ schnell!

Sacher mit Schlag

Und weil ih dih mag,
du Tortn mit Schlag,
mecht ih dih essn
und alles vagessn!

Mei, wia ih dih mag,
du Sacher mit Schlag!

A Gschichtl vo der Sunn

Sag, redsch du mit mir?
Oder ih zerscht mit dir?

Sag, magsch du de Sunn,
de dih unlachn kunn –
de so kichert und lacht,
über'n Tag und auf Nacht?

Sag, schicksch du der Sunn –
du hasch's oamal schu tun –
a Bussl mi'n Wind
vo der Handflächn gschwind?

Sag, tuasch du des gern?
Ih will's vo dir hern!
Mir gfallt des so guat,
was die Sunn mit dir tuat!

Ih schenk dar mein Tram
Fir mein Sealnmann

Lei, weil ih's gspir,
bin ih dafir!

Und wenn ih so denk,
dass ih dar was schenk –
na gspir ih's da drein –
der Tram isch iatz dein!

Urlaub

A bissl sunnen, a bissl tramen,
a bissl nackat, a bissl schamen.

A bissl lesn, a bissl schreibn,
a bissl Zeit vatreibn.

A bissl ratschn, a bissl essn
und auf dahoam –
a bissl vagessn.

Ih bin dei Vogl

Du moansch, ih bin dei Specht?
Ih peck, wenn ih grad mecht?

Du sagsch, ih bin dei Meisl
in insern Voglhaisl?

Du tramsch, ih bin dei Neschtl
fir insre Liebesfeschtl?

Du woasch, ih bin dei Papagei,
ih red viel z'viel, ih red fir drei!

Du denksch, ih bin die Pleitegeier!
Nit alleweil – grad heier!

Magsch du mih?

»Magsch du mih?«
»Na.«
»Findesch du mih nett?«
»Na.«
»Hunn ih a Platzl in dein Herz?«
»Na.«
»Und wenn ih iatz giahn tat, tatesch du rearn um mih?«
»Na.«
»Warum nit?«
»Ih mag dih nit,
ih find dih nit nett,
und du hasch koa Platzl in mein Herz –
du *bisch* mei Herz!
Ih tat nit rearn um dih, wenn d' geahsch –
ih tat eingiahn!

Kiahlschrank

Fein, so a Kaschtl, liab und kloan,
zwecks der Butter einitoan
und zum Gfriern, Schockn, Eisn,
richtig so zum Einibeißn!

Aber – isch der Kiahlschrank nacha voll,
fang er stinkn un – und des ganz toll!
Muass er otaut werdn, putzt und aupoliert –
vorher Strom ausschaltn, dass dar nix passiert!

Hasch nah gar a Mami noh,
Menschnskind, sei froh!
Putzt dei Kaschtl, liab und kloan,
kunnsch dei Glumpad wieder einitoan!

Mei siaßes Bobbi

Du, siaßer Bua,
horch mar zua:
Du bisch mei Schokolade,
du bisch mei Nussroulade!
Deine Bussl schmeckn guat
wia a Zuckerhuat!
Deine Aigln sein
wia a Honigwein!
Deine Finger haun mih um
wia Dragees mit Rum!

Du, ih hab dih so gern
wia an glasiertn Stern!
Ih mecht dih vadruckn
wia an schokogspicktn Ruckn!
Du, ih bin dei Krokantmeisl
auf insern Kuchnhaisl!

Frühschoppn

Jedn Sunntag um neine
giahn die Manderleit Kirchn, aber nur zum Scheine.
Außer mi'n Anzug, a weiße Pfoad, a roate Krawattn –
waar des schian, wenn mar alle Tag Sunntag hattn!
Die Kinder ham's eilig, weil die Glockn laitn,
die Mander toan a so – und stelln sich auf die Seitn.
Die Kirchntir geaht zu, die Mess fang un,
die Manderleit schleichn sich hoamlich davun.
Gleih ums Eck isch a Gasthaus ›Zum wildn Stier‹.
Sakra Teifl! Da gib's offns Bier!
Die Mander bstelln oa Halbe nach der andern,
und Koaner denkt ans Hoamwärtswandern.
Die Mess isch glesn, der Bratn steaht auf'n Tisch,
beim Bier schaug koaner, wia spat daß es isch.
Oa Halbe pack mar noh und a Schnapsl dazua,
hauch mar die Weiberleit un, nah ham mar inser Ruah!

Hochzeit
Fir die Silvia

Valiabte Aigln, a schians Gwandl,
's gweichte Ringl am rechtn Handl.
A Haufn Freind, a Haufn Gäscht –
der Stammbam mit die Äscht.

Iatz sein sie a Paarl, a Paarl fir immer!
Er nimmt ihre Haarl, alloan bleib er nimmer!

An Koffer voll Kinder – wenn's geaht, auf oan Schnall!
Vielleicht a paar Rinder und Hennen im Stall.

So ham sie's tramt, so ham sie denkt.
War des unvaschamt? Na!
Sie kriagn's ja fascht gschenkt!

Hochzeitstag

Hochzeitstag?
Ob ih den mag?

Koa Frag!
Koa Plag,
so a Hochzeitstag!

Aber bitte –
nit alle Tag!

Silberhochzeit
Fir die Kallers

Ja habts gsag –
und in Sprung ins kalte Wasser gwag!

Seids alm noh a Paar,
wia vor 25 Jahr!

Zwoamal des gleiche Wort
am gleichn Ort!
Zwoamal *Ja* fir's ganze Lebn –
a bissl nemmen und viel, viel gebn!

Goldne Hochzeit
Fir die Kallers

50 Jahrln, a lange Zeit,
50 Jahr vaheirat, es isch soweit.

A Lebn voller Liab, a Lebn voller Freid –
a Lebn mit Trauer, a Lebn mit Leid.
Es war nit alm leicht – de vieln Sorgn,
und 's Denkn: Was werd aus'n Morgn?

Aber mitnand war's leichter,
die Sorgn warn seichter –
mitnand war's feiner,
die Liab war reiner.

Mitnand soll's weiterhin sein,
mi'n Glick und mi'n Sonnenschein!

So wünsch ih's enk vo ganzn Herzn
a goldne Liab und wianiger Schmerzn!
A Zeit für enk, a Zeit echt schian –
sie soll eich nia vagiahn!

Waun da Vati mit da Mutti …
Wiener Dialekt

Sie: Was manst'n du, Vati: Wern s' uns auslachn?
Er: Red kann Stuss zamm, Mutti, de lachn net!
Sie: Waun s' aber doh lachn?
Er: Warum soin s' lachn? De wissen's doh e scho so lang!
Sie: Ja, scho, aber die Kinder vo die Kinder; wissen's de ah?
Er: Na fröilich wissen se's! Ih hab eahna ois gsagt, valass dih drauf!
Sie: Manst wirklich?
Er: Ja, ih vasprich da's!
Sie: Da Klan hast dar's leicht ah scho dazöht?
Er: Der hab ih's ah scho dazöht! Und jetzt tua weida, mir miassn geh!
Sie: Hearst, ih glaub, ih kriag an Herzkasperl, so aufgeregt bin ih! Du net ah?
Er: Na, fad is mar grod net, und die Pumpm geht a ganz sche schnö, aber …
Sie: Siehgsta's, ih hab dar's ja gleih gsagt: Du muasst dei Tablettn nehma! Gestern auf Nacht hast dar's ah scho vagessn!
Er: Hearst! Du Nerverl, du! Ih waß – ih waß eh! Tua mih net immer so bevormundn! Ih bi ja ka klans Baby mehr!
Sie: Wirklich net?
Er: Ge, bitte! Hearst?! Tua mar jetzt endlich weida, mir soitn heit scho die Erstn sei, manst net ah?
Sie: Ja, fröilich! Hast eh recht! Aber waßt, Vati: Des gfreit mih scho sehr, dass mir noh dazuakuma san. Waun ih so überleg, wia vü Jahr mir drauf gwart ham! Zerst is da Kriag kumma, daun san die Kinder kuma. Göd ham mar ah kans ghabt, und jetzt ham sih die Kinder drum kümmert! Zwa Wochn auf Tschesolo ham s' uns ah noh gschenkt. Jessasna! Glaubst, is duort sche? Ih kenn seit 80 Joahr nur unser Weanerstadt, und de noh net ganz!
Er: Na fröilich is duort sche! Aber jetzt geh endlich weida und sag sche brav ›Ja‹ in da Kirchn, dass mar zu die italenischn Flitterwochn kuma!

Burtsltag
Fir'n Robert

Vor a paar Jahr –
und des isch gwieß wahr –
hat a Biabl gsag:
»A Fuatter waar gfrag!
Mecht a Mannets wern
groaß und gscheit!«

Und was isch iatz?
Iatz isch's soweit!

Namenstag
Fir die Elisabeth

Ih mecht dar a Gstanzl singen
und a Bliaml zum Namenstag bringen!
Ih kunn aber nit singen –
des isch mar iatz z'bled!
Ih lass es beim Bliamlbringen
und halt dar a Red:

Des Allerbeschte
zu deinem Feschte!
Lass dar's guat giahn heit
und hab weiterhin a Freid!

Wia's halt so geaht

Wia's halt so geaht

Wia's halt so geaht,
wenn's nit zum Beschtn steaht.
Wenn die Sorgn greaßer wern,
und koaner mag dar zuihern.

Wia's halt so geaht,
wenn der Dreck zum Gnack hin steaht.
Wenn 's Herz nah traurig isch,
wenn die Zahcha nimmer odawisch.

Wia's halt so geaht,
wenn's wieder besser werd –
wenn 's Herz iatz lachn kunn,
und die Augn sehgn die Sunn!

Wia's halt so geaht,
wenn 's Lebn oan mit den beschert,
was Kummer hoaßt und Kummer tragn,
was liab sein isch – und Liab vatragn!

Oft schun hab ih denkt

Oft schunn hab ih denkt,
wia der Himmlvater alles lenkt.
Wia der Winter kimmp und wieder geaht,
wia der Sommerwind in Schnea auskehrt.

Oft schunn hab ih glacht,
weil mar 's Lebn so vl Gaudi macht.
Weil ih auf die Alm giahn kunn,
weil ih da koa Sorg mehr hunn.

Oft schunn hab ih grert,
die Welt isch so vakehrt!
Die Bluamen schaugn so traurig aus,
die Leit, de machen sih nix draus!

Oft schunn hab ih denkt,
wia der Himmlvater des dalenkt.
Wia er koan vo ins vagisst
und die Tatn alle misst.

Winterschlaf

Ih mecht an Winterschlaf machn –
nimmer rearn und nimmer lachn!

Bin ih miad, vadammt noh amal!
Ih hab koa andre Wahl!

Ausbrennt, fertig, niedergmacht –
ih hab was in Verdacht:

Ih hab koa Kraft, ih bin am End –
so, wia mih koaner kennt!

Ih mach an Winterschlaf und leg mih nieder –
aber im Fruahjahr kimm ih wieder!

A Gsatzl rearn

Was reimt sich auf ›vazweiflt sein‹?
A Wort wia ›Trauer‹ oder ›schrein‹?

Was hert sich wia ›Vazweiflung‹ an?
A Gsatzl rearn? Und was isch dann?

Dann isch es leichter zum Datragn –
's Vazweifln und 's Vazagn.

Mei Lebn

Ih wer nit fertig mit mein Lebn,
ih steah komplett danebn!
Die Rechte woaß nit, was die Linke tuat,
ih find des gar nit guat!

Ih wer nit fertig mit mein Lebn.
Zu welcher Seitn soll ih hebn?
Ih bin nit laut, ih bin nit ruhig,
Menschnsgott, isch des a Zuig!

Ih wer nit fertig mit mein Lebn.
Ih moan, des werd's miassn gebn!
Bin ih valiabt,
oder bin ih traurig,
weil mei Freind die Wolkn schiabt?

Ih wer nit fertig mit mein Lebn.
Ih miasset's mehr vahebn!
Geaht ja niemend eppes un,
was ih denk und was ih hunn.

Generation

Rearn mecht ih … so vor mih hin;
fragn mecht ih, wer ih denn bin.

Seifzn tua ih – die Zeit isch so kalt.
Zweifln tua ih – fir de bin ih z'alt!

Denkn muass ih – isch des wahr?
Überlegn muass ih … ih sahch's an die Haar!

Schmunzln kannt ih – so laft's nit!
Lachn tua ih – ih laf mit!

's Lebn

Z'viel gwoant,
's Falsche gmoant.

Traurig gwesn –
Sealnspesn.

Unzufriedn –
alles gmiedn.

Bisch nix z'neidn
mit dein Leidn.

Aber ebn –
des isch 's Lebn!

Dazähl

He!
Dazähl
ganz schnell!

Iatz gach,
nit so zach!

Was muasch du?
Was tuasch du?

Leit vaschmeißn?
Außibeißn?

Nimmer bleibn?
Nix mehr schreibn?

Hasch recht!
Isch schlecht!

Es isch soweit,
sei gscheit!

Suach und find,
aber gschwind!

A neie Stell –
und nah dazähl!

Zwiespalt

Ih bin arbeitslos wordn,
ih hab mih valorn.
Ih woaß nit, wia mar gschiehcht!
Die oane Seitn reart,
die andre lacht im Gsicht.
Ih bin nit laut,
ih bin nit staad –
ih bin komplett vawaht!
Der Tag isch z'lang,
nachts werd mar bang.

Ih mecht mih wiederfindn,
ih miasset's überwindn.
Die Zukunft waar zum Greifn –
aber vorher … muass ih reifn.

Arbeitslos

Arbeitslos? Ih moan, ih spinn!
Ih vagiss ja, dass ih gwinn!
Ih hab koan Stress, ih hab gnuag Zeit,
ih wer a Mensch mit Freid!
Ih kunn Pullover strickn
oder Deckn stickn!

Ih kunn Radlfahrn
und Geld einsparn!
Der Wald und die Natua,
de lassn mir koa Ruah!

Mei Arbeitseifer isch famos –
na und? Ih bin ja arbeitslos!

Schlissl valorn
Fir die Familie Raggl

Vasperrte Tir.
Davorgstandn.
Schreck in mir –
ungstandn!

Schlissl valorn,
nit gfundn.
Narrisch wordn –
spurlos vaschwundn!

Schlissl gsuacht
in der Wiesn, hinter'n Bam.
Alles vasuacht –
wia ih mih scham!

»Schlissl, was isch?
Kimm her!
Schlissl, wo bisch?
Ih rear!«

Unter die Stoaner
lieg er vadeckt!
Des glab mar iatz koaner –
er hat sih vasteckt!

Kennsch du des ah?

Ih will schrein – kennsch du des ah?
Ih mecht lafn – kennsch du des ah?
Ih muass bleibn – kennsch du des ah?
Aber des kennsch du vielleicht noh nit!

Ih steah davor – ih muass nimmer schrein.
Ih steah davor – ih brauch nimmer lafn.
Ih steah davor – ih bleib.

Isch des nit schian?

Sonnenschein

Oamal nit der Bease sein,
oamal nit so zammenschrein!

Nia mehr so in Trottl machn,
niamehr so vadrahte Sachn!

Oamal noh a bissl gfrein,
oamal noh an Sonnenschein!

Ewig lang probiert

Ih hab's ewig lang probiert –
oamal hoamlich, oamal ungeniert.

Ih hab gschrian, bettlt, greart,
dass es endlich besser werd.

Es hat nix gnutzt, es wollt nit sein,
dass mir zwoa sagn: Mir ham's fein.

Der Schnaps, der Wein, so denk ih mir,
und ah des sauverflixte Bier
ham 's Lebn ins vatun –
und deretwegn fang ih nimmer un!

Nacha isch es z'spat

Ih leid wia a Hund,
aber koaner siehcht,
wia schlecht dass mar geaht.

Und nacha?

Nacha rear ih Tag und Nacht,
aber koaner siehcht,
wia traurig ih bin.

Und nacha?

Nacha bin ih gstorbn,
und alle sehgn,
wia dagrattlt ih war.

Und nacha?

Nacha isch es z'spat,
wenn sie Begräbnis giahn –
und alles vastiahn.

Liaber Herrgott, beitl mih

Was ih mach, mach ih falsch –
was woaß denn ih?
Liaber Herrgott, beitl mih!

Bin ih guat, isch es schlecht,
bin ih schlecht, isch's nit guat –
wer bin iatz ih?
Liaber Herrgott, beitl mih!

Frag ih z'viel, wer ih gschimpft,
frag ih nix, wer ih g'impft.
Drum bitt ih dih,
liaber Herrgott, beitl mih!

A Luft zum Schnaufn

Du nimmsch mar die Luft zum Schnaufn!
Du drucksch mih zamm auf an Haufn!

Du kannsch mih nit vastiahn!
Du willsch's nit akzeptiern!

Und ih mecht wieder, dass begreifsch!
Und ih mecht wieder, dass nit schreisch!

Ih woaß, du bisch a Mann,
der's nit begreifn kann.

Ih woaß, ih bin a Frau –
ih kimm erscht iatz so richtig drau.

Ih häng die Lattn viel zu hoach, ih häng sie über'n Zaun –
da kannsch du nimmer drüberschaun!

Nimm ih die Luft zum Schnaufn?
Druck ih dih zamm – auf an Haufn?

Koa Kraft

Ih hab koa Kraft mehr –
wia oft hab ih des gsag!
Ih hab koa Kraft mehr –
es werd nit danach gfrag.

Ih kunn nimmer zuaschaugn –
ih tua des nit!
Ih kunn nimmer zuaschaugn –
ih bin so z'ritt!

Ih muass es lassn, wia's isch –
ih hab koa Kraft!
ih muass es lassn, wia's isch –
ih hab's nit gschafft!

Radl kafn
Fir'n Walter

He, du, Bua,
horch mar zua!
Radl kafn isch so dumm,
wenn ma gar nix woaß davun!
Rahmengreaß waar wichtig und der Zoll –
de sumsn oan des Hirn ganz voll!

Megsch an Renner oder Tourn fahrn,
megsch an Haufn Geld ausgebn oder sparn?
Liacht und Klingl fir die Straßn,
broate Roafn fir die Gassn?
Megsch an Packtltrager ah
fir die Gwandln – oder na?

Bua, sag du mar, was ih mecht –
ih woaß es nit – mir isch schu schlecht!
Radl kafn isch scho dumm,
wenn ma gar nix woaß davun!

Radlfahrn

Radlfahrn isch gsund und guat,
weil's die Muschkln aubaun tuat.
Aber 's Niederfalln isch so zwider –
da haut's dih glatzat nieder!

Dreck und Stoaner in die Knia –
weah tuat des als wia …
Und decht isch's nit so arg,
liegsch ja eh noh nit im Sarg.

Fahrsch noh hoam und fahrsch ins Gschäft,
nacha merksch, dass alm noh nefft.
Nutzt alls zammen nix,
muasch ins Krankenhaus – und des isch fix!

Liegsch im Bett uns kunnsch's nit audastiahn,
schaugsch beim Fenschter außi, 's Wetter isch so schian!
Nah vazagsch und rearsch a Stindl –
o mein Gott, ih armes Kindl!

Aber … dauert gar nit lang,
haun s' dih außi auf'n Gang,
gipsn dar in Haxn zua,
lassn dar a Wochn Ruah.

Nacha kimmp des Gipsglump wek –
wo isch iatz der Wadlspeck'?
A bissl muasch noh Friedn gebn –
nacha kunnsch mi'n Radl wieder schwebn!

Hinige Haxn
Fir'n Charly und fir'n Adi

Ih hunn zwoa hinige Haxn,
tat s' am liabschtn in die Kraxn.
Aber ih brauch sie zum Giahn,
drum muass ih inveschtiern:
Ih kaf zwoa Schuahch mit Lederbandl
und zwoa Schuahch im Plaschtikgwandl.
Ih ziahch sie un und geah –
»Teifl! Toan de weah!«
Ih geah zum Dokter um an Rat,
der schreib mar au, grad was er hat.
Hiahneraugnpflaschter, Crem, a Badl,
Stützstrümpf fir die Wadl –
Zuig und Glump, ih wer noh hin!
Ih frag mih lei, wer ih denn bin!
Galling wird's mar z'dumm,
ih schaug mih anderwertig um.
Ih find a Gschäftl, gar nit schlecht –
de sagn, ih hab recht.
Ih brauch an Schuahch zum Giahn
und muass nit alles inveschtiern.
Der Schuaschter moant, iatz miass mar schaugn
auf die klianern Hiahneraugn –
de letzn druckn noh viel mehr,
da siehgsch die Stern vo untn her!
A Einlag ghert genau am Fuaß
so woach als wia a Äpflmuas.
Nacha geahsch auf Wolkn, himmlisch nett,
als ob ma koaner Fiaß mehr hätt!

Stottern

Stottern? Ih?
N-n-nie!
Ih bled?
R-r-red!
Ih schüchtern
und n-n-nüchtern?!
Ih gstört?
U-u-unerhört!

Du F-f-fotzn –
nacha rotzn!
Ih sch-schtottern tua –
du b-b-beaser Bua!

Vom Pech vafolgt

Ih hab 's Pech mi'n Löffl gfressn,
mih hat 's Glick decht glatt vagessn.

Ih hab nia a Geld – und wenn,
nah hab ih mih vazählt.

Ih hab nia an guatn Rat –
und wenn, na war's vom oan, die guate Tat.

Ih hab 's Pech mi'n Flaschl gsoffn,
und des Flaschl isch noh offn!

Armleichter

Du Armleichter!
Trausch dar nix sagn?!
Trausch dih nix fragen?!

Kannsch du nit mauln?!
Tuasch du nit frech sein?!
Kunnsch niamend vagrauln?!
Lasch alle recht sein?!

Du Armleichter! Kimmsch nit selber drau?!
Irgndwann hert sich des Guatsein au!

Du armer Tropf!
Was hasch'n du im Kopf?!

Schneiz dih

Rotz aui, rotz oa –
megsch dih nit schneizn?!

Rotz aui, rotz oa –
willsch du mih reizn?

Rotz aui, rotz oa –
und iatz schneiz dih, sinsch würg ih dih!

Oder na! Iatz woaß ih, was ih tua:
Ih geah dar aus'n Weg und hab mei Ruah!

Fruschtluscht

Fruschtig, beas, vazweiflt,
hantig und vateiflt!
Grausig isch der Stand!
Wild, brutal – a Schand!

Her gach au mi'n Fruschtigsein!
Fang iatz un zum Luschtigsein!
Bärig, super, cool,
lässig, wonderful!

Englisch, Deitsch, Latein –
oanfach luschtig soll es sein!
Geah! Fang un und lach!
Kimm iatz her und mach!

So viel Liachter – onfach toll!
Nimm an Sack und stopf'n voll –
mit Humor, mit Liab und Luscht –
und vagiss ganz schnell in Fruscht!

Firmenessn

Isch mir heit lausig!
Des Essn war grausig,
der Wein viel z'sauer
wia a Regnschauer!

De kunnsch vagessn,
de Firmenessn!
Mih tuat echt grausn –
ih lass sie oanfach sausn!

Ih will dih nit valiern

Alles akzeptiern,
lei dih nit valiern!

Krankheit habn, Krankheit kuriern,
aber dih nit valiern!

Traurig sein, nit geniern –
grad dih nit valiern!

Miteinander lebn, miteinander tian –
ih will dih nit valiern!

Der oane kimmp ...

Der oane kimmp, der andre geaht,
der oane lacht, der andre reart.

Ih mecht nix wissen, mecht nix hern,
ih mecht nit traurig werdn.

Auf oanmal isch des Lebn um,
und ih frag mih: *Warum?*

Umsonscht

Ih steah im laarn Zimmer –
mei Tante, de gib's iatz nimmer.

Ih steah da wia a tepfte Maus –
's Lebn vo meiner Tante, des isch aus.

Ih kunn's nit glabn! Ih bin vazag.
Warum hat mir des koaner gsag?

Ih fahr mi'n Zug zum Kranknzimmer.
Es war umsonscht. Mei Tante gib's iatz nimmer.

Sterbn

Sollt ih ah a Gedichtl schreibn
fir die andern, de was übrig bleibn?
Sollt *ih* dran denkn,
wenn's mih oisenkn?

Ja, des sollt ih machn –
und sollt dabei lachn!

Ih glab ans Weiterlebn!
Und es – es sollt's oan hebn –
fir mih, fir eich und alle andern.
Mitnand isch's leichter, 's Umiwandern!

A Nylonsackl

Ih hab a Nylonsackl
mit viele kloane Packl.
Die Schokoraschpl schmelzn
nebn der warmen Stelzn.

A Flaschl spring in tausnd Scherbn,
's Saftl muass vaderbn.
Soletti breasln umanand,
und die Butter macht an Rand.

Mit den Nylonsackl geaht's nit guat –
ih kriag iatz gleih a Wuat!
So einipresst isch ah nit fein,
ih kunn mih da nit gfrein!

Nimm ih aber noh a Sackl,
hab ih dopplt so vl Packl.
Ah nit fein –
ih lass es sein!

Beim Friseur
Westlicher Tiroler Mittelgebirgsdialekt

»Ja hoi, Mariedl, kimmsch gar amol zu mir? Megsch eppa a nuie Frisur?«

's aubrennte Gsicht vo der Mariedl schaug vawundert: »Selle gang schun, oamol in Johr werd's woll drein sein, dass ih mar die Hoor richtn lass.«

Die Friseurin biatet da Bairin a Platzl un: »Hock her do und lass dar's guat giahn! Die Madla ham schu Kaffee gmacht. Trinksch a Schalele mit?«

»A ja, a Schole meget ih woll.«

Wia 's Lehrmadl in Kaffee, die Milch und in Zucker bring, frag die Friseurin, was die Mariedl fir Frisur ham will.

»A Dauerwell brauchet ih, a feschte, und nacha schneidesch mar in Grind ocha. Kurschz will ih sa hobm, kurschz – ih hunn koa Darweile zan Kamplen olle Toga. Meine Kiah bürscht ih ah krod oamol dia Wocha.«

Nebn der Bairin sitzt a Madele mit ihrer Mama. Sie sein noh nit so lang da im weschtlichn Mittlgebirge. Die neie Umgebung gfallt iahnen ganz gut, aber mit'n Dialekt toan sie sich noh schwar. De zwoa Zuagroastn sprozn alm noh mehr die Loser, aber vastiahn kennen sie die Mariedl mit beschtn Willn nit.

Hintern Vorhang stiahn die Lehrmadln und lachn sich kropfat. Jeds Mal gib's a Hetz o, wenn die Mariedl im Gschäft isch.

Iatz werd sie unruhig, die Mariedl, es dauert ihr schu wieder z'lang: »Wenna bin ih den ferschtig? Ih muass dahaus zan Hennen fuattern! Die Haxn sein mar eingschlafn, und da Arsch fang mar galling ziahchn un!«

's Madele dancbn kriag in Mund nimmer zua und frag vawundert: »Mama, warum spricht die Frau so komisch?«

Die Mama probiert vorsichtig zum Erklärn: »Hier am Land, ja, hier am Land sind die Leute – wie soll ich dir's erklärn – hier am Land sprechen die Leute einfach anders als wir in Deutschland! Weißt du, man nennt das Dialekt. Es gibt viele Arten von Dialekt, schöne und weniger schöne.«

Die Mariedl hat aufmerksam mitghorcht. Nah drahnt sie sich auf die Seitn und schaug 's Kind beas un: »Wos hasch iatz du, Madila? Kunnsch mih nit vastiahn? Red ih dar z'wianig laut, ha? Na, isch des a Greil, die Fakn dahoama hearn olls, hasch mih? Olls hearn sa!«

Der Friseurin werd wild z'hoaß in Gsicht. Gach holt sie a Zeitschrift und will s' da Mariedl gebn: »Mogsch a Praline?«

»Gelt's Gott, na, siaßes Zuig hunn ih nia gmeg!«

»Koa siaßes Zuig hunn ih gmoant – a Heftl zun Unschaugn und Lesn. Des hoaßt lei a so, woasch?«

Unintressiert blattlt die Mariedl in den Heftl umadum, nah leg sie's auf'n Tisch, sinniert a Weil, nacha nimmt sie's noh amal und schaug jede Seitn genau un. Iatz schittlt sie in Kopf ganz energisch und mault vor sich hin: »Ja sella – nichts alls nackita Weiba da drein! Und wia sa in Arsch außnstelln! Schamen sich dia überhaups nit? Ochahängete Duddn? Na, isch des an Elet! Krod a Fetzele ham sa zuachn! Ih holet mar die Huaschtn!«

Völlig durcheinander isch die Bairin. Sie will lei mehr hoam zu die Hennen und zu die Fakn.

»Bin ih noh nit ferschtig? Dia Hockerei werd mar oallig z'harscht!«

Mit an roatn Kopf griaßlt die Friseurin überfreindlich: »Die Haar sein trockn, ih tua dar noh a bissl an Taft drau und zoag dar mit an zwoatn Spiagl, wia flott die Hoor ah hintn gschnittn sein. Schaug her! Bisch zfriedn a so?«

»Woll, woll, hintn brauch ih nit schiane sein, ih schaug vorn ah nit in Spiagl eichn! Lass guat sein! Ih tua zohlen, und nacha geah ih!«

Und wia die Mariedl schu fascht bei der Tir außn isch, draht sie sich noh amal um und grantlt eini ins Gschäft: »Nicht fir unguat, aber 's nagschte Mol waar mar a Praline zan Essn liaba als dia nacketn Schweira in Heftl drein! Legs eppes Warms un, siesch holts enk die Huaschtn und verkiahltets enk die Muina! Pfiat enk!

Pfiffige Sprüch

Der Pfarrer
Obn *ohne,*
untn nix –
der Pfarrer bleibt ledig –
und des isch fix!

Hosn voll
Hatt ih nit alm
die Hosn so voll,
kannt ih ruhiger hockn.

Gscheit sein
Bin ih froh fir dih,
dass du gscheiter bisch wia ih!
So gscheit wia du
werd ih
bestimmt nie!

Politikerwahl
»Mit ins geaht's auiwärts!«
Hat er gmoant,
der Politiker,
und die Fotzn
hat er oighäng!

Komott
O Gott,
isch des komott!
Des ganze Lebn –
im gleichn Trott!

A laute Nacht
In der Nacht hat's kracht.
Was hasch iatz gmacht?

Ih hab glacht –
die Hos hat kracht!

Medizin
In mein Medizinschrank
isch a Gstank.

Aber Gott sei Dank
bin ih nia krank.

Drum isch der Gstank.

Die Technik
Die Technik und ih –
mir sein per Sie.

Des lern ih nie!

Vagiss es
Isch's fein –
genieß es!

Isch's hart –
vagiss es!

Hemmschuahch
Mei Hemmschuahch druckt gewaltig.
Ih miasset'hn endlich ausziahgn.

Bettgeflüschter
Wenn's mit dir nix werd,
bisch's nit wert!

Guat sein
Guat sein
isch nit schlecht!
Aber schlecht sein
isch nit guat!

Überschwenglich
»Gelt's Gott!
Gelt's Gott tausndmal im Himml!«
»Hersch nit au mit den Gewimml!«
»Sag ›Gelt's Gott‹
oder dank dar schian
und lass mih giahn!«

Zfriedn sein!
Du, Bua!
Horch mar zua!
Gib a Ruah!
Hab endlich gnua!

Nit überall
Hasch z'viel,
muasch aupassn,
dass nit überall zualegsch.

Hasch z'wianig,
muasch aupassn,
dass nit überall vahungersch.

Mei Problem
Mei Problem
isch extrem
unbequem!

Wer
ghert iatz zu wem!?

Unvaschamt
Zwoa firs Moanen
gegn oanen –
isch zum Woanen …

Ih steah auf dih
Woasch du,
warum ih steah auf dih?
Ganz oanfach:
weil du zu mir steahsch!

Ih woaß
Ih woaß, du bisch krank.
Ih woaß, du bisch traurig.
Aber ih woaß,
du wersch wieder gsund.
Woasch du des ah?

Betrogn
Grad 's nit-beas-Sein kunn beas sein.
Des waar betrogn, du!

Nit glabn
Der Mensch isch zum Gschaffn nit gschaffn.
Ih will's nit glabn!

Überlebn
Manchmal geaht im Lebn
alles danebn.

Tua's nit vahebn!
Fang wieder an
zum Strebn!

So
kannsch du überlebn.

Nit dumm sein
Sei nit so dumm,
schaug dih um!

Reisch dih nit drum?
Aso!
Bisch decht nit so dumm!

Was ih sag
Und da soll mar oaner sagn,
er hat koan Kriag!

Ih sag:
Der liag!

Guat gmoant
Guat gmoant,
aber z'hart –
also wart!

Naja
Nit na
und nit ja!

Viel besser:
Naja.

Redn
Sitz dih her und iss mit mir.
Sitz dih her und trink mit mir!

Sitz dih her – ih red mit dir!

Neid
Leit
mit Neid
sein heit
koa Freid!

Drum sei gscheit!

Missbrauch
Griaß dih Gott beim Einergiahn!
Pfiat dih Gott beim Außigiahn!

… und zwischndrein
war's gar nit schian!

Scheidung
Gschiedn isch gach –
aber 's Loswerdn isch zach!

Angscht
Häng ih,
hasch Angscht,
dass *ih* mih valier!

Kämpf ih,
hasch Angscht,
dass *du* mih valiersch!

Vazettln

Und weil ih mih vazettl,
muass ih mar an Zettl
fir meine Zettl unlegn.

Proscht

Grad hab ih denkt,
dass ih nix trenzt.

Und wia ih's denkt,
hab ih schu trenzt.

Aber 's andere
isch oigschwenzt.
Proscht!

Lebnsweisheitn

Drei Siebe

»Horch mar zua«, hat er ganz aufgreg umagruafn, »ih muass dar gach was Wichtigs sagn!«

»Moment«, hat der Philosoph gsag, »hasch du des, was du mar sagn willsch, durch die drei Siebe gsiebt?«

»Was fir drei Siebe?« hat der oane vawundert gfrag.

»Na, schaug mar gleih amal nach, ob des, was du mir sagn willsch, durch die drei Siebe durchgeaht: 's Erschte isch die Wahrheit. Hasch du alles, was du mar sagn willsch, ungschaug, ob's stimmt?«

»Na, ih hab's eigentlich ah lei ghert, und ih hab mar halt denkt …«

»Aha – aber sicher hasch du's im zweitn Sieb ungschaug: Des isch die Güte. Isch alles, was du mir sagn willsch, ah guat?«

»Tja, wenn ih so drüber nachdenk – eigentlich nit, na, eher überhaupt nit.«

»Soso – iatz schaug mar aber decht noh 's dritte Sieb un: Des isch die Notwendigkeit. Isch es notwendig, dass du mar des sagsch, was du sagn willsch?«

»Naja – also woasch, des isch a so – grad notwendig isch es nit, na!«

»Siehgsch es, wenn's nit wahr isch, nit guat und nit notwendig, begrab mar's oanfach und belaschtn dih nit damit und mih ah nit!«

A goldener Tempel

Vor langer Zeit isch mittn im Wald a groaßer Templ aus Gold gstandn. Innendrein warn tausnd Spiagln. Jeder, der in den Templ einigangen isch, hat sich tausndmal gsehgn.

Oamal hat sich a Hund verirrt und isch zum Templ kemmen. Wia er des viele Gold gsehgn hat, hat er gmoant, iatz isch er der reichschte Hund auf der ganzn Welt.

Gach isch er einigangen und hat drein tausnd Hund gsehgn. Des hat'hn überhaupt nit taugt, er isch grantig wordn, weil er sich denkt hat, dass de tausnd Hund schneller warn wia er, und hat zum Knurrn ungfangen. Iatz ham die andern Hund aber ah alle knurrt. Nah hat er bellt und die Zähnd gfletscht wia a Bluathund. Am liabschtn hatt er alle darissn! Die andern Hund ham ah die Zähnd gfletscht wia die Bluathund. Sie wollten genauso alls darreißn.

Sei Zorn isch so groaß wordn, dass vor lauter Belln und Knurrn sei Herz versag hat. Er isch toat umgfalln.

Viele Jahr sein vagangen, und wieder amal hat sich a Hund im Wald verirrt und isch zum Templ kemmen. Er hat sich gfreit, wia er des viele Gold gsehgn hat. Schnell isch er einigangen und hat gsehgn, dass da noh tausnd andere Hund warn. Mei, hat'hn des gfreit! Er hat mi'n Schwanz ganz fescht gwedlt. Die andern Hund haben ah ganz fest mi'n Schwanz gwedlt. Des hat in Hund so guat gfalln, dass er ganz begeischtert gjault hat. Die andern Hund habn ah ganz begeischtert gjault.

Jedn Tag isch oamal hingangen, damit er mit de vieln nettn Hund beinander sein hat kennen.

Der gleiche Ort, der fir'n oan der Ort des Todes war, war fir'n andern der Ort der Freid.

Was ma ausstrahlt, kriag ma tausndfach zruck!

Die silberne Schissl

Der Franzl hat sei Mama in die Zwoara-WG zum Essn eingladn, weil er vor vier Wochn dorthin übersiedlt isch. Beim Essn hat die Mama gsehgn, dass die Mitbewohnerin vo ihrn Buam a ganz a nette Frau isch. Iatz hat sie sich decht Sorgn gmacht, weil er oanfach noh so jung war. Nah isch ihr noh eingfalln, dass er schun a paar Mal vo der nettn Person dazählt hat. Hoch und heilig hat er jeds Mal vasprochn, dass des wirklich nur a Mitbewohnerin isch und dass da ganz gwieß nix laft. »Jeder schlaft in sein Bett, Mama!«

Ständig hat die Mama die Mitbewohnerin beobachtet. Sie hat so lang umi gschaug, bis es der Franzl überrissn hat: »Ih woaß, was du iatz denksch, Mama. Aber glabsch mar's nit, dass mir wirklich lei wohnen mitnand, und sinsch laft nix?«

A Wochn spater sagt die Mitbewohnerin zum Franzl: »Seit dei Mama da war, find ih mei silberne Schissl nimmer!«

Betroffn hat der Franzl gantwortet: »Nana, des kann ih mar iatz nit vorstelln, da kenn ih mei Mama viel z'guat! So eppes tuat sie ganz sicher nit. Aber damit du zfriedn bisch, schreib ih ihr a Briafl.«

Liebe Mutter!
Ich behaupte nicht, dass Du die silberne Schüssel meiner Mitbewohnerin mitgenommen hast, und ich behaupte auch nicht, dass Du die silberne Schüssel nicht mitgenommen hast! Aber der Punkt ist der: Seit Du bei uns zum Essen eingeladen warst, kann meine Mitbewohnerin die silberne Schüssel nicht mehr finden.
In Liebe!
Dein Franzl

A paar Tag spater hat der Franzl an Briaf vo seiner Mama kriag:

Lieber Franzl!
Ich behaupte nicht, dass Du mit Deiner Mitbewohnerin schläfst, und ich behaupte auch nicht, dass Du nicht mit ihr schläfst! Der Punkt ist der: Wenn sie in ihrem eigenen Bett schlafen würde, dann hätte sie die silberne Schüssel längst gefunden.
In Liebe!
Deine Mutter

Ih wünsch dar

Ih wünsch dar, dass du rearn kannsch,
wenn du was entbehrn muasch oder valorn hasch,
aber bitte: Schlag koane Wurzl in der Trauer.

Ih wünsch dar, dass du in Ärger gspiarsch,
wenn dar die Leit was untoan,
aber bitte: Bleib nit steckn drein.

Ih wünsch dar, dass der Friedn in dir wachst
und dass dih die Vergangenheit nimmer plag,
aber bitte: Lass dih vo die schlechtn Erinnerungen nit fessln.

Ih wünsch dar Zuvasicht, wenn du ohnmächtig bisch
und nacha wieder austeahsch.

Ih wünsch dar Vatraun fir die Deinign,
vagiss aber dabei eppes nit: Vatrau dar ah selber.

Und zum Schluss wünsch ih dar, dass du zfriedn bisch –
so wia ih – oanfach zfriedn.

Lass dih nit taischn!

Lass dih nit taischn vo mein Gsicht. Ih hab tausnd Maschkn. Maschkn, de ih fir dih aufsetz.

Ih fürcht mih jed's Mal a bissl, wenn ih a Maschkn oanimm, weil ih koane vo de tausnd bin.

Wahrscheinlich moansch du, dass alles in mir beschtens ausschaug, und dass ih niamendn brauch, wenn's vielleicht decht nit so zum Beschten steaht.

Aber bitte, glab mar oans: Lass dih nit taischn durch die Maschkn, de ih aufsetz! Drunter isch koa Zufriednheit, drunter isch koa Glick! Du woasch es ja eh, niamend soll des wissen! Willsch du's ah nit wissen?

Ih kriag Angscht, wenn ih dran denk, dass meine innerschtn Geheimnisse außakemmen, und du willsch's nit wissn! Deswegn spiel ih ja so viele Rolln, damit ih mih dahinter vasteckn kann!

Jetzt wersch du vielleicht schlecht über mih denkn, oder du wersch mih bemitleidn oder gar vo obn oa unschaugn, anstatt dass du mih mit dir oanfach nur gleich siehgsch. Gleich, wia ebn Menschn sein.

So spiel ih halt mei Rolln, und so fang die neie Maschknparade wieder un.

Ih red manchmal Sachn in an vabindlichn Ton, de fir dih oberflächlich sein. Ih sag dar eh alles, was nit isch, und nix vo dem, was alles war.

Lass dih nit taischn vo dem, was ih dar sag, horch oanfach zua, was ih nit sag, aber so gern sagn mecht.

Ih mechat so gern ehrlich sein zu dir!

Jeds Mal, wenn du's probiersch, dass du mih vasteahsch, wachsn Fligl in mein Herz – zerscht sein's kloane und schwache Fligelen, aber nacha wern sie greaßer und stärker.

Ma sagt decht, die Liab durchbricht Mauern. Und genau des isch mei Hoffnung!

Geah zu der Mauer, durchbrich sie mit deine Händ und heb mih!

Sag, woasch du eigentlich, wer ih bin?

Woasch du, dass Sealnpartner sensible Leit sein?

Woasch du's iatz vielleicht, dass ih dei Sealnpartner bin?

Lebn lernen

Lern vo der Sunn, wia sie strahlt.
Lern vo die Wolkn, wia sie schwebn.
Lern vo die Bam, wia sie standhaft sein.

Vo die Bluamen lern 's Leichtn.
Vo die Felsn lern 's Bleibn.
Vom Sturm lern die Leidnschaft.

Die Erdn zoagt dar, was ›mütterlich‹ isch.
Der Mond zoagt dar, wia dih verändern kannsch.
Die Stern zoagn dar, dass du oaner vo viele bisch.

Und die Jahreszeitn sagn dar, dass dei Lebn alm wieder nei unfang.

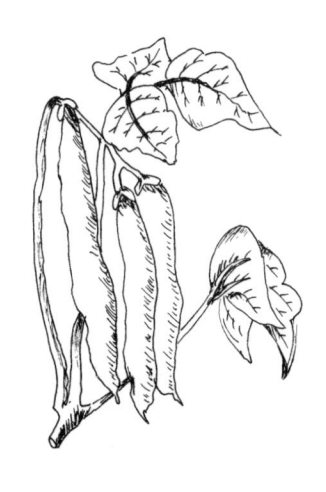

Die wahre Liab

Wenn du die wahre Liab findn willsch, nah muasch du zwoa Sachn loslassn: erschtns die Angscht, dass ma dih zwianig mag, und zwoatns, dass du in andern besitzn willsch. Wer Angscht hat und besitzn will, valiert …

Dein Traumpartner kriagsch lei, wenn du selber a Traumpartner bisch. Wenn du iahm aber begegnesch, wenn du selber noh koa Traumpartner bisch, und des isch meischtns so, nah kriagsch du a groaße Aufgab.

Des hoaßt also, dass dei Partnerschaft a bestimmtes Ziel hat. Dei Partner zoag dar, wo du nit in Ordnung bisch und wo du lernen solltesch. Und so findesch du eigentlich zu dir selber. Des gleiche sollt ah in andern passiern.

Dei Partner isch im Moment der richtige fir dih, weil er genau so guat oder nit genau so guat isch wia du! Mitnand seids auf'n richtign Weg zu eich selber, ob es des wissts oder wollts, oder ob's eich im Moment gar nit bewusst isch.

's groaße Glick findesch du nit, wenn dar dei Partner die ganze Liab schenkt, ohne dass er was fir sich selber tuat.

Was nutzt dar des, wenn du schian bisch, Geld hasch, mächtig bisch, und a jeder bewundert dih und schätzt dih? Wenn du dih selber nit magsch, bleibt dei Herz laar.

's Ziel vo deiner Partnerschaft isch ah nit, wenn du moansch, du kannsch ohne iahm nit lebn – des isch es ganz und gar nit! Wenn du wirklich die wahre Liab findn willsch, nah muasch du mit dein Partner vaschmelzn und trotzdem eignständig sein!

Umarmung

Wenn ih an Regenbogn fangen kannt,
tat ih'hn mit dir toaln.
Ih tat mit dir die schianen Farbn toaln.
Ih tat sie an dem Tag mit dir toaln,
wenn Du glabsch, dass du alloan und traurig bisch.
Ih tat an Berg baun, der lei fir ins zwoa isch.
Ih tat an Ort fir ins finden, wo alle aufrichtig sein.

Hatt ih deine Sorgn in meine Händ,
tat ih sie fir dih ins Meer werfn.

Des isch fir mih aber nit machbar.
Ih kunn koan Regnbogn fangen.
Ih kunn koan Berg baun.
Ih kunn koan Ort finden, wo alle aufrichtig sein.

Aber oans kunn ih toan, und des kunn ih guat:
Ih kunn a Freind sein,
der dih vasteaht,
der für dih da isch
und der dih ganz fescht umarmt!

Was isch die Liab?

Vor langer Zeit hat's im Pazifik a Insl gebn, wo die Gefühle vo die Menschn gwohnt ham – die guate Laune, der Stolz, die Traurigkeit, 's Wissen, der Reichtum und die Liab.

Irgendwann amal hat die Insl zu die Gefühle gsag: »Suachts eich a anders Platzl, ih bin miad, und ih glab, ih hab mei Aufgab erledigt.«

Und so ham alle ihr Schiff gholt und nacheinander die Insl valassn. Die Liab aber hat bis zum letschtn Augnblick gwartet; und wia die Insl beim Sinkn war, hat sie in Reichtum gfrag, der als erschters mit an gewaltign Luxusdampfer bei ihr vorbei gfahrn isch: »Reichtum, kannsch du mih bitte mitnemmen?«

»Na, ih kunn dih nit mitnemmen. Auf mein Schiff isch so a Haufn Gold und Silber, da hattesch du gar koan Platz mehr!«

Nacha hat die Liab in Stolz gfragt, der auf an bsonders schianen Schiff als nägschter vorbeikemmen isch. »Stolz, geah, sei so guat und nimm mih mit!«

»Ih kann dih nit mitnemmen, bei mir isch alles so perfekt. Du kanntesch mei Schiff beschädign!«

Iatz isch die Traurigkeit kemmen: »Traurigkeit, nimmsch du mih bitte mit?«

»Oje, des tuat mar wirklich load«, hat die Traurigkeit gmoant, »ih bin so traurig, dass ih alloan sein muass!«

Und die guate Laune hat's gar nit ghert, dass die Liab mitfahrn wollt, weil sie gar so bsonders guat auglegt war.

Auf oanmal hat die Liab a Stimm hinter ihr ghert: »Kimm lei, ih nimm dih mit!« Es war die Zeit.

Die Liab hat sich so narrisch gfreit, dass sie ganz vagessn hat zum Fragn, wer sie da eigentlich mitnimmt.

Und wia sie ans Land kemmen sein, isch die Zeit oanfach wekgangen. Die Liab wollt sich bedankn, aber sie hat koan mehr sehgn kennen.

»Wissn, woasch du vielleicht, wer mir gholfn hat?«

»Ja freilig, es war die Zeit, de dih mitgnommen hat.«

»Woasch du, warum mih grad die Zeit mitgnommen hat?«

»Ganz oanfach: Weil nur die Zeit vasteaht, was die Liab isch.«

Der Fischer

In an kloan Hafn geaht a reicher Mann spaziern und siehcht an Fischer, der in sein Boot sitzt und sich vo der Sunn unscheinen lasst.

»Hallo, Fischer, warum bisch du nit außn am Meer und fangsch Fisch?«

»Fir heit hunn ih gnuag gfangen.«

»Es isch aber noh friah. Warum fahrsch nit decht außi und fangsch mehr? Du kanntesch sie vakafn und Geld vadianen.«

»Ja, und nacha?«

»Wenn du mehr Geld hasch, kannsch dar a greaßers Boot kafn und noh mehr Fisch fangen.«

»Aso, und nacha?«

»Nacha kunnsch dar an Kutter kafn und viel Geld dabei vadianen.«

»Ja, schon, aber was isch nacha?«

»Nacha hasch du so viel Geld, dass du dar a Fischrestaurant leischtn kannsch.«

»Aso, moansch du, und nacha?«

»Wenn du mi'n Kutter noh mehr Fisch fangsch, nah kannsch dar Angschtellte fir's Restaurant und Arbeiter fir'n Fischfang leistn.«

»Aso isch des, aber was isch nacha?«

»Ja, nacha hasch du so viel Geld, dass du dar an sonnign Urlaub auf'n Meer leischtn kannsch.«

Der Fischer lacht: »Siehgsch, des hunn ih iatz schun!«

Eppes Bsunders

A kloaner Bua hat sein Mama gfrag, warum sie was Bsunders isch.

»Alle Fraun sein bsunders«, hat sie gantwortet.

»Des vasteah iatz aber nit«, hat der Bua gsagt.

Sei Mama hat'hn umarmt und gmoant, dass er des noh nit vastiahn kunn.

Nah hat er sein Papa gfrag, warum die Frau was Bsunders isch, und sei Papa hat wieder gsag: »Alle Fraun sein bsunders.«

Der kloane Bua isch erwachsn wordn und hat sich alm noh gfrag, warum a Frau was Bsunders isch.

Irgndwann hat er in Herrgott ungruafn, weil er a Antwort auf sei Frag habn wollt.

Der Herrgott hat gschmunzlt: »Wia ih die Frau erschaffn hab, hat sie was Bsunders sein miassn. Die Schulter hab ihr stark gmacht, damit sie die Lascht vo der Familie tragn kann. Trotzdem isch ihr Schulter woach zum Unloahnen. Ih hab ihr a innere Kraft gebn, damit sie Kinder kriagn kann und viel dapackt, wenn sie die Kinder fir alles verantwortlich machen. Ih hab ihr die Härte gebn, damit sie immer weitermachn kann, ah wenn sie moant, dass es nimmer geaht. Ih hab ihr die Liab gebn, damit sie die Familie alm mag, ah wenn sie ihr fescht weah toan. Ih hab ihr Weisheit gebn, damit sie ihrn Mann trotzdem vasteaht, ah wenn er sie nit vasteaht. Zum Schluss hab ih ihr Zacherlen gebn, damit sie sie vawendn kunn, wenn's noatwendig isch. 's Bsundere an deiner Mama kannsch du sehgn, wenn du ihr in die Augn schaugsch. Du siehgsch die Tir zu ihrn Herz, wo die Liab dahoam isch.«

Der Polizischt

Er hat noh amal auf'n Tacho gschaug, bevor er langsamer wordn isch. Achtzig Stundkilometer am Schualweg – des dritte Mal isch er in den Monat dawuschn wordn. Verärgert hat er sei Auto ogstellt, isch ausgstiegn und hat gsehgn, wia der Polizischt schun an Strafzettl gschriebn hat.

»Du bisch a so a Polizischt!«

»Ja, ih bin a so a Polizist.«

»Ebn, iatz hasch mih wieder aughaltn beim Hoamfahrn! Ih wollt mei Frau und meine Kinder umarmen! Und du haltesch mih au?«

»So isch es, ja.«

»Ih bin eh alm z'spat vom Büro hoamkemmen, deswegn hab ih wahrscheinlich ah nit auf die Gschindigkeit gschaug. Vasteahsch du, was ih moan?«

»Ih woaß, was du moansch! Du warsch aber trotzdem viel zu schnell auf'n Schualweg.«

»Nana, so wild werd's woll nit gwesn sein! Oder?«

»Du bisch achtzig Stundnkilometer gfahrn. Sitz dih bitte wieder ins Auto.«

»Ih hab eh gleich auf'n Tacho gschaug, außerdem isch ja nix passiert!«

Der Polizischt hat in Zettl durchs Fenschter gschobn und – isch gangen!

Komisch, hat er sich denkt und hat in Strafzettl augmacht. Es war koa Strafzettl, es war a Briaf, da isch folgendes dreingstandn:

Ih hab amal a kloane Tochter ghabt. Wia sie sechs Jahr alt war, isch sie bei an Vakehrsunfall gstorbn, weil der Fahrer z'schnell drun war. A Strafzettl, a Gebühr, drei Jahr Gfängnis, und der Mann war wieder frei. Frei, damit er seine drei Madln in Arm nemmen kann. Alle drei kunn er liab haben. Ih hab lei oane ghabt. Iatz hab ih koane mehr.

Denk an mih, wenn D' wieder auf'n Schualweg fahrsch!

Dei Freind, der Polizischt

Der Professor

A Professer hat über die Zeiteinteilung gredet. Er hat an Glaskruag gnommen, hat'hn aufs Pult gstellt und lauter groaße Kieslstoaner einiglegt. Wia der Kruag voll war, hat er die Studentn gfrag, ob der Kruag voll isch. Alle habn ja gsag.

Nah hat er noh amal gfrag: »Wirklich voll?«

Und alle habn lautstark ja gruafn.

Nacha hat der Professor an Becher Kies gnommen und vorsichtig im Glaskruag vatoalt. Nah hat er wieder gfrag, ob der Kruag voll isch.

Die Studentn sein vorsichtig wordn: »Wahrscheinlich nit!«

Der Professor hat an Becher Sand gnommen und in Kruag einiglaart. Wieder hat er die Studentn gfrag, ob der Kruag iatz voll isch.

»Na, eher nit« war die Antwort.

»Guat«, hat der Professser gmoant, hat a Schaln Wasser gnommen und ah noh in Kruag einiglaart. »Was kennen mir draus lernen?«

Onaer vo die Studentn hat gsag: »Wenn mir moanen, dass inser Zeitplan schun randvoll isch, na lasst sich alm noh oa Termin einschiabn!«

Der Professor hat in Kopf gschittlt. »Was sein die groaßn Kieslstoaner in eiern Lebn? Isch es die Gsundheit, die Arbeit, die Familie oder die Freind? Was wirklich wichtig isch, kimmp an erschter Stell, so wia die groaßn Kieslstoaner. Wenn es zerscht auf die Kloanigkeitn achtets, nah habts nimmer gnuag Zeit fir die wichtign Sachn in eiern Lebn! Fragts eich, was die groaßn Kieslstoaner im Lebn sein, und legts de als erschters eini!«

Der Professer hat sich freindlich verabschiedet und isch gangen.

Mei Freind

Der neie Schualkolleg vo mir hat die ganzn Biacher am Freitag mit hoamgnommen. Ih hab mih noh gwundert, aber ih hab mih nit weiter drum kümmert. Wia ih aber gsehgn hab, dass a ganze Gruppn Schialer auf iahm zuglofn isch, iahm gremplt hat, dass die ganzn Biacher durch die Luft gflogn sein und iahm die Brilln oagschlagn hat, bin ih stiahnbliebn. Er isch volle in Dreck gflogn. Nah hat er mar load tun, und ih bin hin und hab iahm gholfn. Da hab ih erscht gsehgn, was fir traurige Augn dass er ghabt hat. Ih hab iahm die Brilln aufghobn und gebn. Er hat sich bei mir leise bedankt und hat mih so nett ungschaug, dass mar ganz anders wordn isch. Mitnand ham mar die Biacher aughobn und sein hoamgangen. Er hat mar dazählt, dass er friahger in oaner Privatschual war und jetzt nebn mir wohnt. Vawundert hab ih'hn gfrag, warum mir ins noh nia auf'n Schualweg troffn habn.

Die ganze Zeit ham mar gredt und dazählt, und ih hab mar denkt, dass des eigentlich a ganz a Netter isch. Nah hab ih'hn gfrag, ob er zum Wochnend mit mir und meine Freind Fuaßball spieln mecht. Gleih hat er zuagsag.

Am Montag isch er wiederkemmen mit sein ganzn Biacherstapl.

»Mei Liaber«, hab ih gsag, »du wersch amal a Muschklprotz werdn, wenn du alm deine Biacher tragsch.«

Er hat lei glacht! In der ganzn Schualzeit sein mar Freind gwesn. Aber beim Abschluss habn mar ins trennen miassn. Er wollt Medizin studiern, und ih wollt a Fuaßballer werdn.

Die Abschlussred wollt er haltn. Gott sei Dank hab nit ih sie machn miassn! Der Saal war gstopft voll.

Nervös isch er einakemmen, und ih hab'hn auf die Schulter klopft und gsag: »Du wersch iatz der Beschte sein!« Er hat mih wieder so nett ungschaug und sich leise bedankt.

Nah hat er sih graischpert und hat ungfangen: »Der Abschluss ist eine Zeit, um allen zu danken, die mir in den schweren Jahren geholfen haben! Meinen Eltern, meinen Lehrern und meinen Freunden. Lasst mich eine kurze Geschichte erzählen: Als ich noch ein Kind war, wollte ich mich umbringen. Ich nahm alle Bücher mit nach Hause, damit es meine Mutter nicht tun musste. Gott sei Dank wurde ich gerettet, mein Freund hat mich davon abgehalten …«

Die Tränen sein mar in die Augn gstandn! Noh nia in mein Lebn hab ih so viel Vabundnheit gspiart!

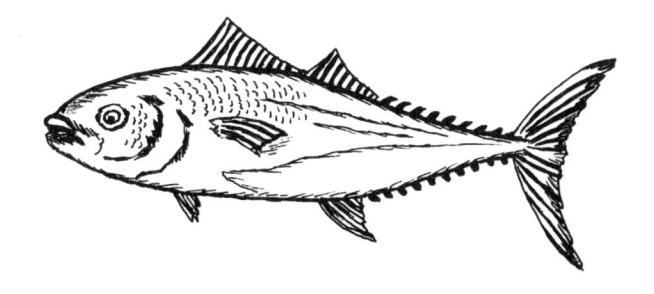

Älter werdn

Liaber Herrgott, du woasch, dass ih vo Tag zu Tag älter wer!
　Bitte, nimm mar de Einstellung, dass ih bei jeder Gelegnheit was sagn muass!
　Heb mih zruck, wenn ih die Sachn vo andere ordnen will!
　Lass mih manchmal nachdenklich und hilfreichh sein, aber bitte nit gleih unschafferisch!
　Bei meiner Sammlung vo Erfahrungen find ih's oanfach schad, dass ih sie nit alle weitergib; aber du wersch mih schun vastiahn, dass ih mar decht a paar Freind ghaltn will!
　Gib mar an Rempler, wenn ih ewig lang dazähl und nit auhern will!
　Schaug auf mih, wenn ih's gar nit lass, vo meine Krankheiten und Beschwerdn z'redn; die Luscht zum Jammern nimmt jeds Jahr zua!
　Ih woaß es eh, eigentlich sollt *ih* andere zuahorchn, wenn sie vo ihre Probleme redn, und *ih* sollt die Geduld ham! Aber des isch alm noh so hart fir mih!
　Bittschian, zoag mar's alm wieder, wenn ih mih irr, dass ih nacha ah dazua steah!
　Und noh was: Ghalt mih a bissl liebnswert! Wenn ma älter wird … na, du woasch es eh, was ih moan …
　Hilf mar ah, dass ih bei die andern 's Talent siehch und was Netts dazua sagn kann. Da waar ih dar ehrlich dankbar!
　Ih will koa Heiliger sein – nana, mit de leb sich's eh so schwar, aber … a alter zwiderer Datterer … na … des waar lei die groaße Freid fir'n Teifl! Des will ih ganz gwieß nit!

's Jahr isch bald aus

Novembertag

So a Novembertag
isch a Plag!
Nebl in der Friah,
Regn auf Nacht,
und an Schnupfn,
der mih grantig macht!

Nasse Fiaß,
kalte Händ,
wia's halt eh
a jeder kennt!

Aber in der Stubn drein,
da waar's fein!
Bratne Äpfl und a Tee
oder Kuchn mit Kaffee!
Raschtn, lesn, musiziern,
Kartn spieln, dischkeriern,
endlich Zeit sich nemmen
und a bissl zammenkemmen!

So a Novmerbertag –
isch des wirklich so a Plag?

Advent

Schneaflockn falln auf d'Erd –
a Zeichn, dass wieder Adventzeit werd.
In der Kuchl riacht's nach guate Sachn,
die Mama isch beim Keksl bachn.

Am Adventkranz brennen die Kerzn.
's Chrischtkindl kimmp – mir gfrein ins vo ganzn Herzn.
A himmlische Ruah soll's ins bringen!
Zeit ham, nit alles erzwingen;
nett sein, a Liab vaschenkn –
und an die Armen denkn!

Liabs Chrischtkind! Vagiss es nit!
Bring a Liacht und in Friedn mit!

A Weihnachtskrippn

Ih mechat a Weihnachtskrippn sein
oder a Schafl oder a Heilignschein!
Oder die Mama vom Jesuskind,
ih tat's zuadeckn ganz gschwind –
ih tat's so gern habn! Ja, ih tat's liabn –
ih tat's mi'n Kinderwagn
umananderschiabn!

Des geaht aber nit, na, na!
's Chrischtkind lieg in der Krippn drein –
und ih – ih mechat des Krippele sein!

Adventgedankn

Schneibn tuat's. Lauter Sterndln, Bluamen und Kugelen. Jede Flockn isch anders. Direkt schwindlig werd mar, wenn ih aus'n Fenschter schaug. So viele woache Flockn!
Heit isch Sonntag, die erschte Kerzn brennt am Adventkranz, fein warm isch's in der Stubn.

Da fallt mar ein, dass ih noh a paar Fichtnzweig brauch und a Weihrauchsackl! Vanillezucker muass ih auschreibn. Backpulver. Nussn. Und a Kochschoklad! 's Weihnachtsbratl bschtelln derf ih ah nit vagessn! Fir die Kinder in Russland werd ih a Paktl schickn. Die Oma mecht heier a Gsteck im Heim, der Opa kriag a Chrischtbaml aufs Grab Und, und, und ...

Aber iatz – na, iatz noh nit – grad a bissl mach ih iatz die Augn zua und tram: Ih geah in Wald, auf die Bam lieg der Schnea wia Wolkn, der Bodn isch a weißer Teppich, und meine Schritt sein staad. Ih bleib stiahn und los an Vogl zua. Feierlich isch's im Wald, vom Dorf aua laitn die Kirchnglockn – es weihnachtet! Spat isch's wordn. Iatz geah ih wieder hoam – und steah vor'm Fenschter.

Schneibn tuat's. Lauter Sterndln, Bluamen und Kugelen. Und a jede Flockn schaug anders aus!

Dezember

Stern funkln.
Schnea glitzert.
Tannen wartn.

Es weihnachtet!

Advent im Gschäft

Sakra Teifl! Die Leit stiahn schu wieder vor der Tir, und wia ih ausperr, laitet 's Telefon!
»Foto Mega, gutn Tag. Was darf ich für Sie tun?«
Augleg! Super!
»Guatn Morgn, Fräulein – gehn S', bitte, schaugn S' mar noch, ob die Foto schun fertig sein!«
»Guatn Morgn. Was ham S' denn fir a Nummer?«
»Mein Gott, na, die Nummer – de hab ih nit. Wissen S', ih war geschtern bei meiner Tochter in der nein Wohnung. Mei Tochter hat nämlich a Stadtwohnung kriag. Und weil de nein Wohnungen so guat ghoazt sein, hab ih die Jackn auszogn – und da waar 's Zettele mit der Nummer drein. De Jackn, wissen S', Fräulein, de hab ih heit nit an.«
»Sagn S' mar Ihrn Namen, ich suach's Iahnen außa!«
»Ih vasteh, Fräulein, des isch aber wirklich nett von Iahnen, wissen S' … ih …«
»Ihrn Namen, bitte!«
»Aso, ja, genau. Maier hoaß ih, ganz normal Maier, mit ›a-i‹ und zum Schluss ›e-r‹!«
»Isch guat, Frau Maier, ham mar gleich: Haber, Kuller, Lamer, Mair, ah, da sein S' eh schun! Wolln S' die Foto unschaugn?«
»Es isch lei oans, lassn S' mih schnell schaugn! Was koschtet's denn?«
»1.90, bitte!«
»O du meine Güte! Da fallt mar grad ein, ih hab die Geldtaschn ah noh in der Jackn drein! Kannt ih auf Nacht noh amal kemmen, a bissl nach sexe? Vorher hab ih koa Zeit! Wissen S', mir ham nämlich heit a Weihnachtsfeier, und da …«
»Kemmen S' nach sexe, ih muass e noh die Kassa machen. Um halbe sieme bin ih aber nimmer da, Frau Maier. Wiederschaun!«
Die nägschte Kundschaft hat wahrscheinlich nit guat gschlafn.
»Griaß Iahnen, Herr Lammer! Was derf'sn sein?«

»Sie! Sie, horchn S' amal, ih muass mih schon sehr wundern! Wieso ham Sie meine Bildln vakehrt gmacht?«

»Sie moanen seitnverkehrt?«

»Ja, glabn Sie, ih hab nix anders z'toan, als daherzkemmen, dass ih mih bescher? Na, des isch mar a Gschäft, des! Ih brauch dringensd die Bildln, ih muass sie ins Oberland schickn! Und was isch iatz? Vakehrt sein sie!«

»Oan Tag vor Weihnachtn wolln Sie die Foto vaschickn? Na guat, ih tua sie ins Labor zruck, vielleicht isch noh wer da und macht s' Iahnen bis auf Nacht!«

»Oh na, des geaht nit! Des isch ja viel zu spat! Ih muass sie ins Oberland schickn! Des isch wirklich allerhand! So eine Frechheit, des! Ih suach mar a anders Gschäft, jawoll, a anders Gschäft suach ih mar! Wer bin ih denn? Und beschwern tua ih mih ah – grad dass Sie's wissen – beschwern tua ih mih auf der … auf der Konsumformation …«

Wuatig isch er außi bei der Tir, und die Foto liegn heit noh im Gschäft.

Advent, Advent! Wia'hn woll a jeder kennt …

A Briafl ans Christkind

»Mama, wenn ih die Aufgab noh amal mach und schian schreib, derf ih nacha in Chrischtkind a Briafl schreibn?«

»Ja, des derfsch nacha, aber zerscht muasch dih schun noh a bissl zammreißn. Ih woaß, dass du schian schreibn kannsch.«

Der Letze schaug in sei Heftl und wundert sich, dass ma sei Kunschtwerk nit lesn kann. So fang er halt noh amal an.

Überschrtift: Das Hauptwort. »Mama, 's Hauptwort schreibt ma groaß, weil's a Namenswort isch, ge?«

»Richtig«, sagt die Mama, »tua lei weiter iatz.«

Der Letze schreib weiter: der Großvater. »Mama, mei Opa isch viel greaßer wie ih, des schreib ma ah groaß, oder?«

»Ja, des schreibt ma ah groaß, aber nit, weil dei Opa greaßer isch, sondern weil's a Hauptwort isch. Tua weiter iatz.«

»Ih bin eh schun fertig, Mama, aber … oans mecht ih noh wissn!«

»Was megschn noh wissen?«

»Du hasch amal gsagt zu mir, wenn mei Bettschtattl z'kloan werd, nah kriag ih a richtigs groaßes Bett, so wia du und der Papa oans habn. Werd des ah groaß gschribn?«

»Iatz hearsch aber au! Ih hab dar decht gsagt, dass ma …«

»Bin schun fertig! Was kunn ih denn fir a Papier zum Briaflschreiben nemmen?«

Die Mama nimmt a Zeichnblattl: »Du kanntesch untn noh eppes hinzeichnen, 's Chrischtkind gfreit sich ganz bestimmt! Und vagiss nit, dass es viele arme Kinder gibt, de sich ah was wünschn, also schreib nit z'viel au!«

Nachdenklich drahnt der Bua sei Zeichnblattl um und fang zum Schreibn an:

Liebes Christkind!
Ich wünsche mir ein paar schnelle Schi, damit ich meinem Freund davonflitzen kan.
Und dann wünsch ich mir ganz schnelle Schuhe, weil ich mit meiner Mama wieder ›Fangelex‹ spielen möchte.
Liebes Christkind, ich werde auch immer brav sein und meiner Mama folgen. Beim ›Vaschteckelex‹ lauf ich nicht mehr so weit in den Wald hinein.
Viele Grüße!
Dein Michael

Der Bua zeichnet an Tannenbam mit oahängede Schi, zwoa Schiachln und a paar Kerzn.
»Mama, was wünsch dar denn du zum Chrischtkind?«
Der Frau rinnen zwoa Zacher oa, sie nimmt die Füllfeder und schreibt mit zittriger Schrift:

Mei liabs Chrischtkindl!
Ih wünsch mar vo ganzn Herzn, dass mei Bua in die Fiaß wieder gsund werd!

Mitnand legn sie 's Briafl aufs Fenschterbrett, sitzn sich zum Kerznliacht vom Adventkranz und spieln mit der Flötn sei Lieblingsliad: ›Ihr Kinderlein kommet‹.

Weihnachtn

Viele brennate Kerzn.
Viele brennate Schmerzn.

's Beschte zum Essn.
Koschtnpunkt vagessn!

An glänzatn Bam –
wenn grad oaner kam,
der vasteaht
und mit mir
feiner werd!

Handy zum Superpreis,
nägschts Jahr gib's was Neis!

So isch Weihnachtn heier!
A stolzer Preis!
So isch's mir zu teier!

A Schaufl
Fir'n Niki

NIKI: Woasch du vielleicht, wia 's Chrischtkind auf die Erdn oakimp?
LILO: Ja, ih denk mar, des fliag mit oaner Wolkn vom Himml oa, und nacha fahrt's mi'n Schlittn zu die Kinder. – Was wünsch dar denn heier vom Chrischtkind?
NIKI: Ih wünsch mar an Game-Boy, des hoaßt auf deitsch ›Spielbub‹, ge! Dann wünsch ih mar a Diskettn dazua, an Lego-Hubschrauber, a Batman-Gwand fir'n Fasching, a Play-Mobil zum Turnierreitn, a ferngschteierts Auto, a Taucherbrilln und an Schnorchl fir'n Schwimmkurs und a CD!
LILO: Glabsch du nit ah, dass des a bissl z'viel isch?
NIKI: Na, die Mama hat gsag, sie schickt in Chrischtkind a Geld!
Lilo: Ja schon, aber deine Freind im Kindergartn, die Schualkinder und die andern Kinder, de wolln alle am Hl. Abnd a Paktl habn, und zu die armen Kinder sollt 's Chrischtkindl decht ah kemmen, oder nit?
NIKI: Moansch du de im Kriag?
LILO: Ja, genau, de moan ih! Aber nit lei de im Kriag, sondern ah de, de was z'wianig zum Anziahgn ham, manche ham sogar z'wianig zum Essn. De kennen nit so fein im Pyjama dasitzn und Appetitbrot essn so wia du. De ham nix Gscheits zum Essn, und z'kalt isch iahnen ah!
NIKI: Ham die armen Kinder koa Heizung?
LILO: Woll, woll, a Heizung werdn sie schon ham, aber koa Geld fir's Holz und fir die Kohln. Da gib's nit so a Zentralheizung, wia mir des gwehnt sein, da gib's lei alte Öfn zum Einhoazn!
NIKI: Ham die armen Kinder a Haus?
LILO: Manche Kinder ham a Haus, aber des isch meischtns alt und kaputt oder feicht. Da waar's woll am beschtn, wenn ma gleich a neis baun tat, weil sih 's Richtn nimmer rentiert. Aber – sie ham nix zum Baun. Sie miassn im altn bleibn!
NIKI: Was wünschn sich eigentlich die armen Kinder zum Chrischtkind?

LILO: Ja, sicher nit so viel wia du.
NIKI: Und wenn ih mar nur drei Geschenke wünsch? Isch des vielleicht besser?
LILO: Ja, freilich isch des besser! 's Chrischtkind woaß eh nit, wo's die vieln Engl und Wolkn zum Helfn hernemmen soll.
NIKI: Okay, nah wünsch ih mar halt nur drei Geschenke.
LILO: Und was fir drei Geschenke sein des?
NIKI: Ih wünsch mar an Game-Boy, a Diskettn und a Schaufl.
LILO: Was mechtesch denn mit der Schaufl toan?
NIKI: Die Schaufl tät ih in Chrischtkind auf die Wolkn legn.
LILO: Aso, und was soll 's Chrischtkind mit der Schaufl machn?
NIKI: 's Chrischtkind tät zu die armen Kinder fliagn und die Schaufl oiwerfn.
LILO: Wia moansch iatz des?
NIKI: Ja mei … Da tätn die armen Kinder a neis Haus baun und hättn's ah so fein warm wia ih!

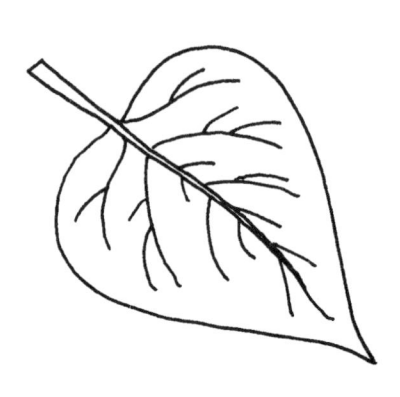

Wenn 's Chrischtkind kimmp ...

So wia du mit deine Eltern und Gschwischter in Heilign Abnd feiersch, so werd dar des a ganzes Lebn lang in Erinnerung bleibn.

Die vieln Stundn vorher sein manchmal ziemlich zach, und du glabsch, dass es viel zu lang dauert, aber grad de Zeit, wo ma so aufgreg und neigrig isch, wo ma Herzklopfn hat und glab, dass ma's nimmer aushaltn kann – de Zeit isch am wichtigschtn, weil sonscht der Heilige Abnd nit so schian waar.

Damit de vieln Stundn kürzer werdn, dazähl ih dar iatz die Gschicht vom Chrischtkind:

Vor langer Zeit war a schianer groaßer Engl, der zur Maria kemmen isch und ihr gsagt hat, dass sie bald a Bobbele kriag. Der Engl hat ihr gsag, dass nit ihr Verlobter der Vater isch, sondern der Herrgott. Zerscht isch die Maria daschrockn, aber dann hat sie sich denkt, dass des schun richtig sein werd.

Damals hat der König Auguschtus regiert und wollt wissen, wia viel Leit in sein Land leben. Er hat vakündn lassn, dass alle in ihrn Heimatsort giahn miassn, damit ma sie zähln kann. Und so isch die Maria mit'n Josef nach Bethlehem zogn. Die Maria isch mit an Esl grittn, weil ihr der Marsch scho viel zu anstrengend war. Wia sie in Bethlehem unkemmen sein, habn sie sich gleih in der Lischtn eintragn lassn. Dann wolltn sich de zwoa a Unterkunft suachn, aber es hat koane mehr gebn, es war alles schu voll. Traurig und miad sein sie weiterzogn, bis sie zu an Bauern kemmen sein, der iahnen an Stall gebn hat, wo a Ochs und a Esl drein gstandn isch. In dem Stall hat die Maria ihr Jesuskind auf die Welt bracht. Die Mama hat ihr Bobbele gach in a Tuach eingwicklt, dass iahm nit z'kalt werd. Der Esl und der Ochs sein vo der Futterkrippn weggangen, damit die Maria 's Jesuskind einilegen hat kennen.

Über'n Stall war a hell glänzender Stern, der die ganze Welt zum Leichtn bracht hat. A Stickl weiter wek vom Stall sein drei Hirtn ums Lagerfeier gsessn und habn den Stern gsehgn. Sie wollten ihre Schaf in der Nacht nit alloan lassn und sein sitzn bliebn. Aber auf oanmal isch genau ober'n Lagerfeier a Engl mit an helln Gsicht und weiße Flügln gschwebt. Mit feierlicher Stimme hat er zu die Hirtn gsagt, dass nit weit weg in an Stall der Sohn Gottes geborn isch. Die Hirtn ham gmoant, sie tramen, und haben sich ganz unglaibig ungschaug. Aber dann sein sie neigrig wordn und in Engl nachgangen, der iahnen in Weg bis zum Stall zoag hat. Und im Stall war wirklich a kloans Bobbele in der Krippn. Danebn war die Muttergottes und der Josef. 's Jesuskind hat gstrahlt wia der groaße Stern, der die ganze Welt hell gmacht hat. Und alle habn an Mordsstolz ghab.

Ja, so isch inser Chrischtkind auf die Welt kemmen. Seither feiern mir sein Geburtstag jeds Jahr und gfrein ins, wenn's mit an Schlittn auf die Welt oakimmp und Gschenke untern Chrischtbam legt.

Gibt's a echtes Chrischtkind?
Fir'n Niki

NIKI: Lilo, wo isch'n heit der Martin?
LILO: Der Martin isch bei mir dahoam und tuat mi'n Robert die Computerspiele installiern.
NIKI: Hasch du an Computer?
LILO: Ja.
NIKI: Von wem hasch du an Computer kriag?
LILO: Vom Chrischtkind.
NIKI: An richtign Computer?
LILO: Ja, an richtign Computer, mit dem ih schreiben kann, und iatz kemmen ah noh a paar Spiele drauf.
NIKI: Vom Chrischtkind hasch du an Computer kriag? Na! Des glab ih dar nit! Braugsch mar gar nix sagn, es gibt nämlich koa Chrischtkind! Des hat mar mei Mama gsag!
LILO: Ih hab in Computer aber trotzdem vom Chrischtkind kriag!
NIKI: Des erklärsch mar aber jetzt, bitte!
LILO: Pass auf, des isch a so: Am Heilign Abnd isch 's Chrischtkind auf die Welt kemmen, und des feiern mir jeds Jahr.
NIKI: Nana, 's Chrischtkind kann decht nit alle Jahr auf die Welt kemmen!
LILO: Nana, du bisch so wia 's Chrischtkind oanmal geborn, und feiern tuasch du jeds Jahr dein Geburtstag. Und beim Chrischtkind isch es ganz gleich.
NIKI: Aso!
LILO: Also noh amal: 's Chrischtkind oder 's Jesuskind isch am Hl. Abnd geborn wordn, und jeds Jahr feiern mir des Fescht mit Geschenke, mit selbergmachte Keksln und mit an guatn Essn. Weil's aber so viele Kinder auf der Welt gibt, helfn die Mama, die Oma und der Opa oder die Tante beim Geschenkebsorgn. Also – gib's fir mih a richtigs Chrischtkind.

NIKI: Isch des Chrischtkind ehrlich echt?
LILO: Ja, sicher isch des echt! Des isch so echt wia du und ih!
NIKI: Wia oft muass ih noh schlafn, bis des echte Chrischtkind kimmp?
LILO: O mei! Des dauert schunn noh a Weil! Du muasch noh genau 348mal schlafn, nacha kimmp's wieder zu dir. Aber vorher kimmp eh noh der Oschterhas und der …
NIKI: Jippi! Der Oschterhas! Ge, Lilo, da Oschterhas isch ah oamal auf die Welt kemmen – und feiert alle Jahr in Geburtstag so wia du und ih!

Du

Ih muass dih was fragen:
Kannsch du mar des sagn?!
Tatsch du in Chrischtkind schreibn,
es sollt heier länger bleibn!?

's alte Jahr

's alte Jahr
isch gar!

Passt fir mih –
ehrlich wahr!

Computerhirn

Ih kunn iatz nit bleibn
und dir was schreibn!

Du sollsch ah nimmer fragn,
ih will nix mehr sagn!

Ih muass iatz giahn,
mein Kopf auskuriern,
die Gedankn regenariern
und 's Hirn nei installiern.

Mei Publikum

Was tat ih, wenn ih koa Publikum beim Lesn hat? Ih schauget ganz nett bled durch die Wäsch! Fir wem schreib ih denn sinsch?

Naja, ih moan, ih schreib fir mih schu ah, es isch manchmal wia a Therapie. Aber, wenn ih's mein Publikum vorlesn kunn, na gfrei ih mih und bin direkt a bissl augreg! Des tuat guat, des Augregtseim. Da pricklt's da drein, als wenn ih frisch valiabt waar – ja, genau so! Und wenn nah der oane oder andere zu mir kimmp und sag: »Du, des hab ih ah so gsehgn«, oder: »Ih hab ganz des gleiche dalebt«, nah mag ih des nit ungern.

Ja, was tat ih ohne mein Publikum? So selbstverständlich isch des gar nit, dass die Leit grad im Winter oanfach außigiahn in die Kältn, wo's dahoam decht grad so fein waar! Vorm Fernseher sitzn, a paar Keksln essn und eppes Guats trinken. Um die Fiaß a warme Deckn, beim Fernseher einschlafn und so halt.

Hm, so gesehn waar's eigentlich gar nit so schlecht, wenn ih mih amal so richtig von innen außer ›bedankn‹ tat! Nit des ›Herzlichen Dank für Ihr Kommen, danke für Ihr zahlreiches Erscheinen‹ – nana, des moan ih iatz nit, des isch so 08/15. Na, oanfach Dankschian sagn, fein, dass da seids. Ih gfrei mih ehrlich!

Wia sagn die Schialer, wenn ih in die Klass einigeah?

Echt ›cool‹, dass dih einagschmissn hasch! Megacool und 100% affngeil!

Was ih mar zum nein Jahr wünsch

Abnemmen – in Kummer
Zuanemmen – die Offnheit
Weknemmen – die Aggression
Mitnemmen – die Freindschaft
Außernemmen – in Hass
Oanemmen – in Misserfolg
Feschtnemmen – die Liab
Übernemmen – die Geduld
Unternemmen – 's Glick
Aunemmen – 's Menschsein
Wahrnemmen – in Friedn

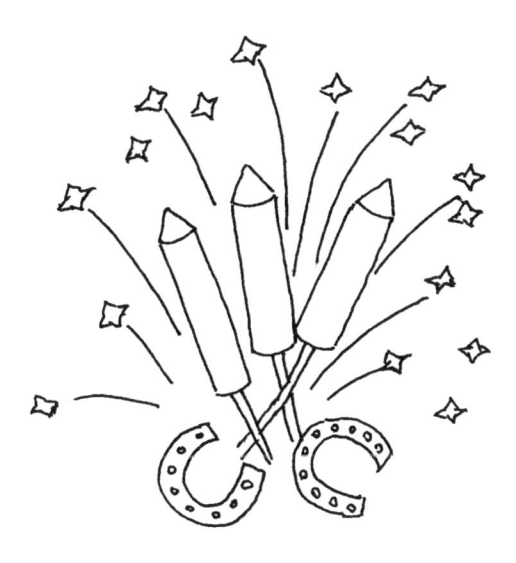

Inhaltsverzeichnis

In die Truhchn einigschaut
In die Truhchn einigschaut 5
Freind sein 5
Kompliziert 6
Ih bin a Hund 7
Gsunder Egoismus 8
Generation 9
An Ratscher machn 9
Telefonitis 10
Nit lei heit 11
Danke 11
Kannsch du des noh? 12
A groaßer Bruader 12
A Gschenk 13
Samariter 14
Gott sei Dank 14
Zwang 15
Schian sein 16
Im Dreck 17
Was ih manchmal mecht 18
Was ih unbedingt werdn wollt 19
Der Chef isch schuld 20
Frechheit 21
Künschtlerlebn 21
Was sagsch du? 21

Alle meine Kinder
Kinder 22
Fir meine Buam 23
De blede Faxerei 23
Immer 24
Spinner 24
Siebn Jahr lang 25
Der Friedolin 26
Woasch noh? 27
Mei inners Kind 28
Hose voll 29

A kurze, aber wahre Gschicht 30
A neis Hobby 31
Muttertagserinnerung 32
Muttertag amal anders 33

Gsund und decht nit gsund
Gsund und decht nit gsund 34
Operation 35
Durchfall 35
Schulter-OP 36
Schulter-Therapie 37
Kraiterbadl 37
A Kreiz mi'n Kreiz 38
Kranknstand 39
Die gsundn Pulverlen 40
A schnells Rezept 41
Iss nit so viel! 41
Die guatn Kraiterlen 42
Kurschattn 42
Kur 43
Is eh wurscht 44
Im gleichn Haus 46
O Gott, isch des a Gschenk! 48
Lebsnretter 49

Natur
Vogelen 51
Bienenmenü 51
's Tautröpfl 52
Donnerwetter 53
Mir fallt nix ein dazua 54
Was isch reich? 55
A Lawin 56
Seebebn 57
Mei Bankl 58
Rumerspitz 58

Was Feins
Mei Freindin 59
Die Unterhosnfreindin 60
Mei Fahrradl 61
Alloan 61
Anständig augraumt 62
Italienischkurs 63
Englisch schpuckn 64
Sacher mit Schlag 65
A Gschichtl vo der Sunn 65
Ih schenk dar mein Tram 66
Urlaub 66
Ih bin dei Vogl 67
Magsch du mih? 67
Kiahlschrank 68
Mei siaßes Bobbi 69
Frühschoppn 70
Hochzeit 71
Hochzeitstag 71
Silberhochzeit 72
Goldne Hochzeit 73
Waun der Vati mit der Mutti … 74
Burtsltag 75
Namenstag 75

Wia's halt so geaht
Wia's halt so geaht 76
Oft schun hab ih denkt 77
Winterschlaf 78
A Gsatzl rern 78
Mei Lebn 79
Generation 80
's Lebn 80
Dazähl 81
Zwiespalt 82
Arbeitslos 82
Schlissl valorn 83
Kennsch du des ah? 84
Sonnenschein 84
Ewig lang probiert 85
Nacha isch es z'spat 86
Liaber Herrgott, beitl mih 87
A Luft zum Schnaufn 88
Koa Kraft 89
Radl kafn 90
Radlfahrn 91
Hinige Haxn 92
Stottern 93
Vom Pech verfolgt 93
Armleichter 94
Schneiz dih 94
Fruschtluscht 95
Firmenessn 95
Ih will dih nit valiern 96
Der oane kimmp … 96
Umsonscht 97
Sterbn 97
A Nylonsackl 98
Beim Friseur 99

Pfiffige Sprüch
Der Pfarrer 101
Hosn voll 101
Gscheit sein 101
Politikerwahl 101
Komott 102
A laute Nacht 102
Medizin 102
Die Technik 102
Vagiss es 103
Hemmschuahch 103
Bettgeflüschter 103
Guat sein 103
Überschwenglich 104
Zfriedn sein 104
Nit überall 104
Mei Problem 105
Unvaschamt 105
Ih steah auf dih 105
Ih woaß 105

Betrogn 106
Nit glabn 106
Überlebn 106
Nit dumm sein 106
Was ih sag 107
Guat gmoant 107
Naja 107
Redn 107
Neid 108
Missbrauch 108
Scheidung 108
Angscht 108
Vazettln 109
Prost 109

Lebnsweisheitn
Die drei Siebe 110
A goldner Templ 111
Die silberne Schissl 112
Ih wünsch dar 114
Lass dih nit taischn! 115
Lebn lernen 116
Die wahre Liab 117
Umarmung 118
Was isch die Liab? 119
Der Fischer 120
Eppes Bsunders 121
Polizischt 122
Der Professer 123
Mei Freind 124
Älter werdn 126

's Jahr isch bald aus
Novembertag 127
Advent 128
A Weihnachtskrippn 128
Adventgedankn 129
Dezember 129
Advent im Gschäft 130
A Briafl ans Chrischtkind 132
Weihnachtn 134
A Schaufl 135
Wenn 's Chrischtkind kimp 137
Gibt's a echtes Chrischtkind? 139
Du 140
's alte Jahr 141
Computerhirn 141
Mei Publikum 142
Was ih mar zum nein Jahr wünsch 143

Lilo Galley

wurde 1947 in Oberösterreich geboren, übersiedelte mit 8 Jahren nach Tirol, heiratete mit 18 Jahren nach Wien und kehrte nach 7 Jahren vom Heimweh geplagt nach Tirol zurück.

»Mei, isch des schian – in Berg auigiahn!« Dieser Ausspruch war die Grundlage zur Mundartdichtung.

Die Autorin schrieb 2 Mundartbücher, die bereits ausverkauft sind.

›Mei Welt‹, herausgegeben vom Turmbund Innsbruck, ›Ich mecht Dar was sagn‹, (Welsermühlverlag).

Schreiben und Beruf wurden, für die Hausfrau und Mutter von 2 Söhnen ein zeitliches Problem. Als erste offizielle Leihoma übte sie die ›Omatätigkeit‹ stundenweise aus und schrieb aus der Phantasie der Kinder 2 weitere Bücher: ›Caterinas Träume‹ (Berenkamp Verlag), ›Michael und Kerstin werden dicke Freunde‹ (Tyrolia Verlag) zur Integration behinderter Kinder.

Die Autorin ist derzeit in Volksschulen lesend unterwegs.

Zahlreiche Lesungen im In- und Ausland sowie Veröffentlichungen im Radio und Fernsehen brachten der Autorin viel Erfolg.

Lilo Galley fand in ihrer Truhe einige Gedichte und Prosastücke, die durch die Umstellung auf den Computer in Vergessenheit geraten waren. So beschloss die Autorin, daraus ein weiteres Mundartbuch in leicht verständlicher Innsbrucker Mundart zu machen.

Kontakt: www.lilo-galley.net

Bücher für Österreich bei vmn

von ANNEMARIE REGENSBURGER

Der kluene Prinz – *Tirolerisch*
Die Weihnachtsgeschicht auf tirolerisch
Tiroler Adventkalenderbuch (mit MARIA KOCH)

von HANS WERNER SOKOP

Der klane Prinz – *Weanerisch*
Die Weihnachtsgeschichte auf wienerisch
Der Weaner Struwwepeter
Wienerisches Adventkalenderbuch

von HANS DIETER MAIRINGER

Da kloane Prinz – *Oberösterreichisch*
Die Weihnachtsgeschichte auf oberösterreichisch
Da owaöstarreichische Struwwipeda
Oberösterreichisches Adventkalenderbuch

von ALEXANDER KRISCHNIG

Da klaane Prinz – *Karntnarisch*
Die Kärtner Weihnachtsgeschichte

und in deutsch
Ja, Virginia, es gibt einen Weihnachtsmann!

Unsere Bücher erhalten Sie in jeder Buchhandlung!

vmn
Verlag M. Naumann
Meisenweg 3 · D – 61130 Nidderau
Telefon 00496187 22122 · Telefax 00496187 24902
E-Mail: info@mundartverlag.de
Im Internet finden Sie uns unter: http://www.mundartverlag.de
Auslieferung für Österreich: AS Höller GmbH,
Schrackgasse 11 a, 8650 Kindberg, Tel. 03864 6777